Kauderwelsch
Band 31

Impressum

Pia Simig
Ungarisch — Wort für Wort
erschienen im
REISE KNOW-HOW Verlag Peter Rump GmbH
Osnabrücker Str. 79, D-33649 Bielefeld
info@reise-know-how.de

© REISE KNOW-HOW Verlag Peter Rump GmbH
12. Auflage 2012
Konzeption, Gliederung, Layout und Umschlagklappen
wurden speziell für die Reihe „Kauderwelsch" entwickelt
und sind urheberrechtlich geschützt.
Alle Rechte vorbehalten.

Bearbeitung	Birgit Steffen
Layout	Svenja Lutterbeck
Layout-Konzept	Günter Pawlak, FaktorZwo! Bielefeld
Umschlag	Peter Rump (Titelfoto: Pia Simig)
Kartographie	Iain Macneish
Fotos	Pia Simig, György Simig, Frank Strzyzewski
Druck und Bindung	Werbedruck GmbH Horst Schreckhase, Spangenberg

ISBN 978-3-89416-053-1
Printed in Germany

Dieses Buch ist erhältlich in jeder Buchhandlung Deutschlands, Österreichs, der Schweiz und der Beneluxländer. Bitte informieren Sie Ihren Buchhändler über folgende Bezugsadressen:

Deutschland	Prolit GmbH, Postfach 9, 35461 Fernwald (Annerod) sowie alle Barsortimente
Schweiz	AVA-buch 2000, Postfach 27, CH-8910 Affoltern
Österreich	Mohr Morawa Buchvertrieb GmbH, Sulzengasse 2, A-1230 Wien
Belgien & Niederlande	Willems Adventure, www.willemsadventure.nl
direkt	Wer im Buchhandel kein Glück hat, bekommt unsere Bücher zuzüglich Porto- und Verpackungskosten auch direkt über unseren Internet-Shop: *www.reise-know-how.de.*

Zu diesem Buch ist ein **AusspracheTrainer** erhältlich, auf **Audio-CD** in jeder Buchhandlung Deutschlands, Österreichs, der Schweiz und der Benelux-Staaten oder als **MP3-Download** unter *www.reise-know-how.de*

Der Verlag möchte die **Reihe Kauderwelsch** weiter ausbauen und **sucht Autoren!** Mehr Informationen finden Sie unter *www.reise-know-how.de/rkh_mitarbeit.php*

Kauderwelsch

Pia Simig

Ungarisch
Wort für Wort

Reise Know-How
im Internet
www.reise-know-how.de
info@reise-know-how.de

Aktuelle Reisetipps und Neuigkeiten, Ergänzungen nach Redaktionsschluss, Büchershop und Sonderangebote rund ums Reisen

Kauderwelsch-Sprechführer sind anders!

Warum? Weil sie Sie in die Lage versetzen, wirklich zu sprechen und die Leute zu verstehen.

Wie wird das gemacht? Abgesehen von dem, was jedes Sprachbuch bietet, nämlich Vokabeln, Beispielsätze etc., zeichnen sich die Bände der Kauderwelsch-Reihe durch folgende Besonderheiten aus:

Die **Grammatik** wird in einfacher Sprache so weit erklärt, dass es möglich wird, ohne viel Paukerei mit dem Sprechen zu beginnen, wenn auch nicht gerade druckreif.

Alle Beispielsätze werden doppelt ins Deutsche übertragen: zum einen **Wort-für-Wort,** zum anderen in „ordentliches" Hochdeutsch. So wird das fremde Sprachsystem sehr gut durchschaubar. Denn in einer fremden Sprache unterscheiden sich z. B. Satzbau und Ausdrucksweise recht stark vom Deutschen. Ohne diese Übersetzungsart ist es so gut wie unmöglich, schnell einzelne Wörter in einem Satz auszutauschen.

Die **Autorinnen** und **Autoren** der Reihe sind Globetrotter, die die Sprache im Land selbst gelernt haben. Sie wissen daher genau, wie und was die Leute auf der Straße sprechen. Deren Ausdrucksweise ist nämlich häufig viel einfacher und direkter als z. B. die Sprache der Literatur oder des Fernsehens.

Besonders wichtig sind im Reiseland **Körpersprache, Gesten, Zeichen** und **Verhaltensregeln,** ohne die auch Sprachkundige kaum mit Menschen in guten Kontakt kommen. In allen Bänden der Kauderwelsch-Reihe wird darum besonders auf diese Art der nonverbalen Kommunikation eingegangen.

Kauderwelsch-Sprechführer sind keine Lehrbücher, aber viel mehr als Sprachführer! Wenn Sie ein wenig Zeit investieren und einige Vokabeln lernen, werden Sie mit ihrer Hilfe in kürzester Zeit schon Informationen bekommen und Erfahrungen machen, die „sprachlosen" Reisenden verborgen bleiben.

Inhalt

Inhalt

- 9 Vorwort
- 10 Einleitung
- 14 Gebrauchsanweisung
- 16 Aussprache & Betonung
- 20 Wörter, die beruhigen

Grammatik

- 22 Hier fängt die Grammatik an
- 24 Die Artikel
- 25 Das Hauptwort
- 27 Besitzverhältnis
- 28 Die Fälle
- 30 Persönliche Fürwörter
- 31 Hilfsverben
- 34 Wortstellung
- 35 Eigenschaftswörter
- 42 Dies & Das
- 43 Hier & Dort
- 44 Verben & Zeiten
- 54 Fragen
- 58 Befehlen
- 59 Bindewörter
- 60 Verhältniswörter
- 64 Zahlen
- 67 Zeitangaben

Inhalt

Konversation

- 71 Mini-Knigge
- 72 Anreden & Begrüßen
- 75 Redewendungen
- 78 Unterwegs ...
- 91 Essen & Trinken
- 102 In der Familie zu Gast sein
- 107 Übernachten
- 111 Einkaufen
- 117 Am Abend
- 120 Liebesgeflüster
- 122 Sport
- 124 Ämter
- 131 Krank sein

Anhang

- 133 Literaturhinweise
- 138 Wortliste Deutsch – Ungarisch
- 149 Wortliste Ungarisch – Deutsch
- 160 Die Autorin

Buchklappe vorne *Die Zahlen & die wichtigsten Zeitangaben*
Aussprache
Nichts verstanden? — Weiterlernen!
Buchklappe hinten *Die wichtigsten Redewendungen*
Die wichtigsten Fragen
Die wichtigsten Fragewörter,
Richtungsangaben & Wochentage
Die wichtigsten Fragen

Vorwort

Vorwort

Viele Leute denken, wenn sie das Wort Ungarn hören, gleich an Tschardasch, Paprika und Julischka. Und wer hat nicht den Film „Ich denke oft an Piroschka" gesehen? Das Mädchen, das in der Puszta, in einem Dorf mit dem unaussprechlichen Namen **Hódmezővásárhelykutasipuszta** lebt. (Was soviel heißt wie „ein Ort in der Puszta, der einen Brunnen hat, wo es Biber, Weiden und einen Markt gibt".) Der Name zeigt (etwas übertrieben), was das Wesen der ungarischen Sprache ausmacht, nämlich möglichst viel in einem Wort unterzubringen.

Dieses „anleimende" Verfahren hat ihr den zweifelhaften Ruhm eingebracht, eine schwer erlernbare Sprache zu sein.

In Wirklichkeit ist es aber nicht so wild. Anfangs wird es zwar ungewohnt sein, Sätze zu bilden, indem man Nachsilben an die Wörter „klebt", aber später lernt man die Kürze der Sätze auch zu schätzen. So kann man die drei Worte „Ich liebe Dich." dem Freund oder der Freundin mit nur einem einzigen Wort ins Ohr flüstern:

szeretlek
ßeretlek
lieben-ich-Dich
Ich liebe Dich.

Einleitung

Wenn man sich mutig im Sprechen übt, wird man bald das richtige Sprachgefühl entwickeln. Zum Trost: Es gibt ein ungarisches Sprichwort, das sagt:

A magyar nyelv nem fenékig tejföl.
a madjar njelw nem fenékig tejföl
die ungarische Sprache nicht Boden-bis Sauerrahm
Ungarisch ist nicht bis zum Boden Sauerrahm ...

Einleitung

Bevor Sie die Gebrauchsanweisung lesen, will ich Ihnen die zwei wichtigsten Grundbegriffe der ungarischen Sprache vorstellen:

Sie sind der Schlüssel, um die ungarische Sprachstruktur zu verstehen, auch wenn man viele komplizierte Regeln der Wort- und Satzbildung nicht kennt.

1. Nachsilben (Suffixe) &
2. Selbstlautharmonie (Vokalharmonie).

Nachsilben

Die ungarische Sprache gehört zur finnisch-ugrischen Sprachfamilie. Die Magyaren brachten sie vor 1.000 Jahren aus der Steppe Asiens mit. Vom Sprachtyp her ist sie eine anreihende (agglutinierende) Sprache. Das bedeutet, an den unveränderten Wortstamm

Einleitung

werden Nachsilben (Suffixe) angehängt, die die grammatikalischen Beziehungen ausdrücken. So verwendet man z. B. anstelle von Verhältniswörtern (zu, über, im usw.) Nachsilben.

ház *(hás)*	Haus	
házban *(hásban)*	im Haus	*Haus-in-Dativ*

Die Nachsilben werden an Hauptwörter, Verben und andere Satzteile gehängt. Im Vorwort steht der Satz: „Ich liebe Dich." (**szeretlek**). Man bildet ihn, indem man an den Wortstamm die Nachsilbe **-lek** hängt, die die Beziehung ich-dich beinhaltet:

szeret	+	**lek**	= **szeretlek**
(ßeret)		*(lek)*	*(ßeretlek)*
lieben	+	ich-dich	= ich liebe dich

Natürlich gibt es auch Wörter, die mehrere Nachsilben haben. Z. B. wenn man „in meinem Haus" sagt:

Haus	=	**ház**	**házamban**
mein	=	**-m, -am, -om, -em**	*hásamban*
in	=	**-ban, -ben**	*Haus-mein-in +Dativ*

Was die Reihenfolge der Nachsilben anbelangt, merken Sie sich nur:

An den Wortstamm kommt immer erst die Nachsilbe, die etwas mit der Person zu tun

tizenegy

Einleitung

hat. Die Wahl der Nachsilbe ist abhängig von den Regeln der Vokalharmonie. Diese Regeln sind sehr kompliziert, darum will ich jetzt nur das Grundprinzip erklären.

Selbstlautharmonie

Die ungarischen Selbstlaute (Vokale) werden danach unterschieden, ob sie dunkel (tief) oder hell (hoch) sind.

dunkle Vokale:	**a, á, o, ó, u, ú**
helle Vokale:	**e, é, i, í, ö, ő, ü, ű**

In den meisten ungarischen Wörtern kommen entweder nur tiefe oder nur helle Vokale vor:

bocsánat *botschánat*	Verzeihung	= tiefvokalisch
idegen	fremd	= hochvokalisch

Die hohen Vokale **i**, **í**, **e** und **é** können allerdings auch in tiefvokalischen Wörtern wie **kocsi** *(kotschi)* = „Auto", „Kutsche" vorkommen.

Seitenzahlen
Um Ihnen den Umgang mit den Zahlen zu erleichtern, wird auf jeder Seite die Seitenzahl auch in Ungarisch angegeben!

Die Gesetze der Vokalharmonie beziehen sich auch auf die Nachsilben (Suffixe) und Bindevokale, d. h., die ungarischen Nachsilben haben immer eine hoch- und eine tiefvokalische Form, damit sie sich dem Wortstamm anpassen können.

Einleitung

tiefvokalischer Wortstamm:			
orvos	**orvosnál**	**metró**	**metróval**
orwosch	*orwoschnál*	*metró*	*metrówal*
	Arzt-bei		Metro-mit
Arzt	beim Arzt	Metro	mit der Metro

hochvokalischer Wortstamm:			
néni	**néninél**	**rend**	**rendben**
néni	*néninél*	*rend*	*rendben*
	Tante-bei		Ordnung-in
Tante	bei der Tante	Ordnung	in Ordnung

Bindevokale werden immer zur Erleichterung der Aussprache eingeschoben. Sie stehen also zwischen dem Wortstamm und der Nachsilbe und passen sich im Klang dem Wortstamm an:

tiefvokalisch:	**blúz**	*(blús)*	Bluse
	blúzok	*(blúsok)*	Blusen
hochvokalisch:	**ing**		Hemd
	ingek		Hemden

Gemischt gibt es helle und dunkle Vokale vor allem in zusammengesetzten Wörtern und in Wörtern fremder Herkunft:

alma   **lé**   **almalé**
(Apfel)   (Saft)   (Apfelsaft)

Ein Wort, das dunkel anfängt, hört auch so auf. Ein Wort, das einen hellen Stamm hat, endet mit einer hellen Nachsilbe.

Beim Anhängen der Nachsilben oder Bindevokale an einen Wortstamm bin ich mit folgender Grundregel gut zurechtgekommen.

tizenhárom | **13**

Gebrauchsanweisung

Ich sagte bereits, dass die ungarische Sprache zum „anreihenden Sprachtyp" gehört, der für unsere Ohren sehr fremd ist. Deshalb habe ich versucht, den Sprechführer so einfach wie möglich zu gestalten. Man soll damit den Aufbau von kurzen Sätzen verstehen und kleine Unterhaltungen führen können.

Es gibt einige Ausspracheregeln, die Sie sich am besten gleich einprägen. Sprechen Sie die Wörter laut vor, und betonen Sie dabei die erste Silbe. So bekommen Sie schnell das richtige Sprachgefühl.

Die **Grammatik** ist leider recht schwierig. Ich habe die wichtigsten Regeln so einfach wie möglich dargestellt, damit man die Sprachstruktur erkennt. Lesen Sie sie durch und blättern Sie nach Bedarf zurück. Beim Sprechen prägt sich alles schneller ein als durch stilles Lernen.

Sollten Sie keine Lust haben, die Grammatik durchzuackern, lesen Sie wenigstens die Kapitel Nachsilben und Selbstlautharmonie, damit Sie das Grundprinzip der Sprache verstehen.

Die angeführten Sätze sind in Kauderwelsch-Manier zweifach übersetzt. So kommt nach der Umschrift erst die **Wort-für-Wort-Übersetzung** und dann die korrekte deutsche Übersetzung. Dadurch kann man den Satz-

Gebrauchsanweisung

bau und vor allem die Nachsilben gut erkennen. Entspricht ein ungarisches Wort mehreren deutschen Wörtern, so sind sie in der Wort-für-Wort-Übersetzung mit Bindestrichen verbunden:

hajóval	*Schiff-mit*	mit dem Schiff
(hajówal)		
repülővel	*Flugzeug-mit*	mit dem Flugzeug
(repülőwel)		

Der **Konversationsteil** enthält typische und möglichst einfache Formulierungen, die man sicher brauchen kann.

Im Anhang des Buches befindet sich eine **Wortliste** mit etwa 1.000 Wörtern, die zusammen mit den Wörtern aus dem Konversationsteil einen ganz guten Grundwortschatz bieten.

Die **Umschlagklappe** hilft, die wichtigsten Sätze und Formulierungen stete parat zu haben. Ist der Umschlag aufgeklappt, kann die gewünschte Satzkonstruktion mit dem entsprechendem Vokabular aus den einzelnen Kapiteln kombinert werden. Wenn alles nicht mehr weiterhilft, dann ist vielleicht das Kapitel „Nichts verstanden? – Weiterlernen!" der richtige Tipp. Es befindet sich auch im Umschlag, stets bereit, mit der richtigen Formulierung für z. B. „Ich habe leider nicht verstanden." oder „Entschuldigung!" auszuhelfen.

Kauderwelsch-AusspracheTrainer

*Falls Sie sich die wichtigsten ungarischen Sätze, die in diesem Buch vorkommen, einmal von einem Ungarn gesprochen anhören möchten, kann Ihnen Ihre Buchhandlung den **AusspracheTrainer** (Audio-CD) zu diesem Buch besorgen. Sie bekommen ihn auch über unseren Internetshop* **www.reise-know-how.de** . *Alle Sätze, die Sie auf dem AusspracheTrainer hören können, sind in diesem Buch mit einem 🔊 gekennzeichnet. Mehr über den Kauderwelsch-AusspracheTrainer erfahren Sie auf Seite 137.*

Aussprache & Betonung

Aussprache & Betonung

Was die Aussprache anbelangt, kennen Sie schon die folgenden Buchstaben: **b, d, f, g, h, j, k, m, n, l, p, q, r, t, x** und **w.** Sie werden wie im Deutschen ausgesprochen, wobei das **r** immer ein Zungenspitzen -r ist, also gerollt wird.

Die Lautschrift soll bei der Aussprache der ersten Wörter und Sätze helfen.

Aus der folgenden Liste kann man die Aussprache der Buchstaben, die im Deutschen anders oder gar nicht vorhanden sind, entnehmen.

Zum Ansporn sei gesagt: Die Ungarn genießen es sehr, wenn sie aus dem Mund eines Ausländers ungarische Worte hören.

Betonung

Alle Wörter werden auf der ersten Silbe betont.

Rechtschreibung

Im Ungarischen werden nur der Satzanfang und die Eigennamen groß geschrieben.

Konsonanten

Folgende Konsonanten haben einen anderen Lautwert als die deutschen:

Aussprache & Betonung

c	wie „z" in **Z**igarre; **cím** *(zím)* Adresse
ly	wie „j" in **j**ung; **folyó** *(fojó)* Fluss
s	wie „sch" in **Sch**ule; **eső** *(eschő)* Regen
sz	stimmloses „ß" wie in La**s**t; **szoba** *(ßoba)* Zimmer
z	stimmhaft „s" wie in **S**ieg; **zene** *(sene)* Musik
v	wie „w" in **W**eg; **víz** *(wís)* Wasser

Folgende Konsonanten-Kombinationen kommen im Deutschen nicht vor:

cs	wie „tsch" in **tsch**echisch **kocsi** *(kotschi)* Wagen
zs	wie „sh" in **G**enie **zsebkendő** *(shebkendő)* Taschentuch
dz	wie „ds" in Wil**ds**au **madzag** *(madsag)* Schnur
dzs	wie „dsh" in **J**ohn **dzsem** *(dshem)* Marmelade
gy	wie „dj" in a**di**eu **gyerek** *(djerek)* Kind
ny	wie „nj" in Co**gn**ac **konyha** *(konjha)* Küche
ty	wie „tj" in Hein**tj**e **kutya** *(kutja)* Hund

tízenhét | 17

Aussprache & Betonung

Lange Konsonanten

Lange Konsonanten werden doppelt geschrieben:

semmi *(schemmi)*	nichts

Bei Doppelbuchstaben wie **ny**, **sz**, **gy** usw. wird in der Schrift nur der erste Buchstabe verdoppelt:

könnyű *(könjnjü)*	leicht
hosszú *(hoßßú)*	lang

Beachten Sie, dass doppelt geschriebene Konsonanten wirklich doppelt so lang gesprochen werden wie die kurzen.

Vokale

Vokale werden in allen Silben voll ausgesprochen. Ein „Strich" über dem Vokal zeigt an, dass dieser lang gesprochen wird.

Kurze Vokale

Folgende kurze Vokale lauten wie im Deutschen: **i, o, ö, u** und **ü**.

mind *(mind)*	alle
hol *(hol)*	wo
köszönöm *(kößönöm)*	ich danke
kulcs *(kultsch)*	Schlüssel
fül *(fül)*	Ohr

Aussprache & Betonung

a fehlt in der deutschen Hochsprache – der Laut liegt zwischen kurzem a und o und ähnelt dem „a" im Englischen „wh**a**t"

e wird gesprochen wie in „w**e**nn" und „d**e**nn"

Lange Vokale

Folgende Vokale lauten wie im Deutschen:

í	wie in z**ie**hen	**híd** *(híd)*	Brücke
ó	wie in B**oo**t	**hó** *(hó)*	Schnee
ő	wie in **Ö**l	**nő** *(nő)*	Frau
ú	wie in T**u**ch	**új** *(új)*	neu
ű	wie in T**ü**r	**fű** *(fű)*	Gras
á	wie in V**a**ter	**láb** *(láb)*	Bein
é	wie in S**ee**	**ég** *(ég)*	Himmel

Dunkle & helle Vokale

Die ungarischen Vokale werden nicht nur nach Länge und Kürze unterschieden, sondern auch danach, ob sie hell oder dunkel sind. Die meisten Wörter enthalten entweder nur helle oder nur dunkle Vokale. Gemischt kommen sie vor allem in Zusammensetzungen und in Fremdwörtern vor.

Die Nachsilben passen sich den Vokalen des Wortstammes an, sind also entweder hell oder dunkel.

dunkle Vokale: **a, á, o, ó, u, ú**

város *(wáros)* = Stadt

helle Vokale: **e, é, ö, ő, i, í, ü, ű**

ebéd *(ebéd)* = Mittagessen

Wörter, die beruhigen

Ich weiß nicht, wie es Ihnen geht: Fahre ich in ein fremdes Land, dann fühle ich mich erst richtig wohl, wenn ich ein Wörterbuch in der Tasche und folgende Fragen und Wörter im Kopf habe:

Fragen

Wo ist ...?	**hol van ...?**	*hol wan*
Gibt es ...?	**van ...?**	*wan*
Was ist das?	**mi ez?**	*mi es*
Was gibt es?	**mi van?**	*mi wan*
Was ist los?	**mi történt?**	*mi történt*
Warum?	**miért?**	*mijért*

Wörter

Ausgang	**kijárat**	*kijárat*
Eingang	**bejárat**	*bejárat*
Frauen-WC	**női**	*női*
Männer-WC	**férfi**	*férfi*
frei	**szabad**	*ßabad*
verboten	**tilos**	*tilosch*
erlaubt	**szabad**	*ßabad*
bitte	**kérem**	*kérem*
danke	**köszönöm**	*kößönöm*
guten Tag	**jó napot**	*jó napot*
auf Wiedersehen	**viszontlátásra**	*wißontlátáschra*
ich möchte	**szeretnék**	*ßeretnék*

Wörter, die beruhigen

Information	**felvilágosítás**	felwilágoschításch
geschlossen	**zárva**	sárwa
geöffnet	**nyitva**	njitwa
ja/nein	**igen/nem**	igen/nem
Entschuldigung	**bocsánat**	botschánat

Hier fängt die Grammatik an

Ich stelle die Grammatik etwas ausführlicher vor. Wichtig ist, dass man neben den Wörtern die Nachsilben kennt, denn sie sind der Schlüssel zum Verstehen. Man kann, während man die Kommunikationsbeispiele liest, zurückblättern und sich dies und jenes noch einmal klar machen.

Die ungarische Grammatik ist ziemlich kompliziert. Hier sind nur die wichtigsten Regeln angegeben, damit man bestimmte Formen verstehen kann, nicht um sie selber perfekt anzuwenden. Doch nur Mut, fangen Sie einfach an!

Hier fängt die Grammatik an

Hier die Erläuterung der grammatikalischen Begriffe:

Singular/Plural	Einzahl/Mehrzahl
Konsonant	Mitlaut (b, c, f, x usw.)
Vokal	Selbstlaut (a, ä, e, i, o, ö, u, ü)
Substantiv	Hauptwort
Verb	Tätigkeitswort
Adjektiv	Eigenschaftswort
Artikel	Geschlechtswort
Pronomen	Fürwort (ich, du, er usw.)
Adverb	Umstandswort
Subjekt	Satzgegenstand
Objekt	Satzaussage
Prädikat	Satzergänzung
Postposition	Nachsetzung
Suffix	Nachsilbe
Konjugation	Beugung
Infinitiv	Nennform, Grundform
Nominativ	Werfall
Genitiv	Wesfall
Dativ	Wemfall
Akkusativ	Wenfall

húszonhárom

Die Artikel

Die Artikel

Im Ungarischen gibt es keine weiblichen, männlichen und sächlichen Artikel wie im Deutschen.

Der bestimmte Artikel

a *(a)* bzw. **az** *(as)*

Bei Wörtern, die mit einem Konsonanten anfangen, wird **a**, bei denen mit Vokalen **az** gebraucht. Auch in den Fällen (dem Lehrer, der Frauen) und in der Mehrzahl bleibt der Artikel unverändert.

a tér *(a tér)*	der Platz
a város *(a wárosch)*	die Stadt
a pénz *(a péns)*	das Geld
az orvos *(as orwosch)*	der Arzt
az asszony *(as aßßonj)*	die Frau
az ebéd *(as ebéd)*	das Mittagessen

Der unbestimmte Artikel

Der unbestimmte Artikel heißt **egy** *(edj)*.

egy úr *(edj úr)*	ein Herr
egy hölgy *(edj höldj)*	eine Dame
egy könyv *(edj könjw)*	ein Buch

Das Hauptwort

Hauptwörter sind geschlechtlos, was Ihnen das Lernen der Artikel erspart.

Mehrzahl

Um die Mehrzahl zu kennzeichnen, hängt man ein **-k** an. Wenn am Wortende bereits ein Konsonant steht, wird ein Bindevokal dazwischengesetzt. Und nun wird die Sache etwas komplizierter, da dieser Vokal nach den Regeln der „Vokalharmonie" mal ein **a**, mal ein **o**, oder auch ein **e** sein kann.

Also: Einsilbige, tiefvokalische Hauptwörter haben meist ein **a** als Bindevokal:

úr *(úr)*	Herr, Mann
urak *(urak)*	Herren, Männer

Zwei- oder mehrsilbige tiefvokalische Hauptwörter haben meist ein **o** als Bindevokal:

villamos *(willamosch)*	Straßenbahn
villamosok *(willamoschok)*	Straßenbahnen

Hochvokalische Hauptwörter erhalten den Bindevokal **e**:

nyelv *(njelw)*	Sprache, Zunge
nyelvek *(njelwek)*	Sprachen

húszonöt | 25

Das Hauptwort

Endet das Hauptwort auf einen der folgenden Vokale **(i, o, ó, ö, ő, u, ú, ü, ű)**, dann braucht man nur das **k** hinzuzufügen:

taxi *(taxi)*	Taxi
taxik *(taxik)*	Taxis
folyó *(fojó)*	Fluss
folyók *(fojók)*	Flüsse
kapu *(kapu)*	Tor
kapuk *(kapuk)*	Tore
hegedű *(hegedű)*	Geige
hegedűk *(hegedűk)*	Geigen
heverő *(hewerő)*	Liege
heverők *(hewerők)*	Liegen

Endet das Hauptwort auf **a** oder **e**, dann werden diese Buchstaben gedehnt:

éjszaka *(éjßaka)*	Nacht
éjszakák *(éjßakák)*	Nächte
kecske *(ketschkel)*	Ziege
kecskék *(ketschkék)*	Ziegen

Besitzverhältnis

Besitzverhältnis

Das Besitzverhältnis wird im Ungarischen durch Nachsilben ausgedrückt. Sie lauten:

		tiefvokalisch	hochvokalisch
mein -	**-m**	**-am**, **-om**	**-em**, **-öm**
dein -	**-d**	**-ad**, **-od**	**-ed**, **-öd**
sein/ihr -	**-ja**, **-je**	**-(j)a**	**-(j)e**
unser -	**-nk**	**-unk**	**-ünk**
euer -	**-tok**,**-tek**,**-tök**	**-atok**, **-otok**	**-etek**, **-ötök**
ihr -	**-juk**, **-jük**	**-(j)uk**	**-(j)ük**

Die Nachsilbe wählt man nach der Vokalharmonie aus. Ob man **-am** oder **-om** sagt, spielt aber keine große Rolle, man wird verstanden.

Wörter, die auf einem Vokal enden, erhalten keinen Bindevokal, z. B. **autó** – **autóm** (mein Auto). Wenn der letzte Vokal **-a** oder **-e** ist, wird er gedehnt (wie bei der Mehrzahl).

Der Gleichlaut **-j-** in der 3. Person Einzahl und Mehrzahl ist zur besseren Aussprache da. Das betrifft hauptsächlich die Wörter mit Vokal am Ende:

táska
táschka
Tasche

táskája
táschkája
ihre/seine Tasche

húszonhét

Die Fälle

kefe	**keféje**
kefe	*keféje*
Bürste	ihre/seine Bürste

Bei konsonantisch auslautenden Wörtern ist das Einfügen des **-j-** eher die Ausnahme. Hier einige wichtige Ausnahmen:

anya – anyja	seine/ihre Mutter
apa – apja	sein/ihr Vater
család – családja	seine/ihre Familie
Forint – Forintja	sein/ihr Forint
kabát – kabátja	sein/ihr Mantel
bőrönd – bőröndje	sein/ihr Koffer
ebéd – ebédje	sein/ihr Mittagessen

Die Fälle

Akkusativ (Wen- oder Wasfall)

Das Akkusativobjekt hat das Zeichen **-t**. Das **-t** kann mit oder ohne Bindevokal (seine Auswahl erfolgt nach der Vokalharmonie) an das Wort gehängt werden. Als kleine Hilfe: Immer die Variation hat Vorrang, in der man das **-t** besser hört. Beispiel:

Die Fälle

utazás	jó utazást
(utasásch)	(jó utasáscht)
Reise	gute Reise
nap	**jó napot**
(nap)	(jó napot)
Tag	guten Tag
egészség	**jó egészséget**
(egééßchég)	(jó egééßchéget)
Gesundheit	gute Gesundheit

este (eschte)	**jó estét** (jó eschtét)
Abend	guten Abend
éjszaka (éjßaka)	**jó éjszakát** (jó ejßakát)
Nacht	gute Nacht

*Endet das Wort auf **a** oder **e**, wird der Auslaut gedehnt.*

Dativ (Wemfall)

Der Dativ wird durch die Nachsilbe **-nak**, **-nek** ausgedrückt: Für das Beispiel benutze ich das Verb **adni** (geben) in der 1. Person (**adom**) und in der 2. Person (**adod**):

Kinek adod a könyvet?
kinek adod a könjwet
wer-Dat. gibst-du das Buch-Akk.
Wem gibst du das Buch?

A könyvet a barátnak adom.
a könjwet a barátnak adom
das Buch-Akk. der Freund-Dat. gebe-ich
Dem Freund gebe ich das Buch.

Persönliche Fürwörter

Persönliche Fürwörter

Die persönlichen Fürwörter werden genauso gebraucht, wie man es aus dem Deutschen kennt. Der Wemfall wird zusätzlich für bestimmte Satzkonstruktionen benutzt.

1. Fall		3. Fall		4. Fall	
ki?	wer?	**kinek?**	wem?	**kit?**	wen?
én	ich	**nekem**	mir	**engem**	mich
te	du	**neked**	dir	**téged**	dich
ő	er, sie, es	**neki**	ihm, ihr	**őt**	ihn, sie, es
ön*	Sie	**önnek***	Ihnen	**önt***	Sie
mi	wir	**nekünk**	uns	**minket**	uns
ti	ihr	**nektek**	euch	**titeket**	euch
ők	sie	**nekik**	ihnen	**őket**	sie
önök*	Sie	**önöknek***	Ihnen	**önöket***	Sie

*Höflichkeitsform

Das Suffix -lak, -lek

Eine Sonderform der 1. Person Einzahl der unbestimmten Konjugation ist **-lak**, **-lek**. Sie drückt die Beziehung ich – dich/euch aus:

lát – **látlak**	ich sehe dich
(látlak)	
szeret – **szeretlek**	ich liebe dich
(ßeretlek)	
megpuszil – **megpuszillak**	ich küsse dich
(megpußillak)	
vár – **várlak**	ich erwarte dich/euch
(wárlak)	

Hilfsverben

Damit Sie mit den eben gelernten Fürwörtern kleine Sätze bilden können, müssen Sie schnell noch die Formen der Hilfsverben „sein" und „haben" dazulernen.

„sein": lenni

én vagyok	*(én wadjok)*	ich bin
te vagy	*(te wadj)*	du bist
ő (ön) van	*(ő/ön wan)*	er/sie/es ist; Sie sind
mi vagyunk	*(mi wadjunk)*	wir sind
ti vagytok	*(ti wadjtok)*	ihr seid
ők/önök vannak	*(ők/önök wannak)*	sie/Sie sind

Achtung: In der 3. Person (Einzahl und Mehrzahl) entfällt „ist/sind", wenn eine Feststellung über die Eigenschaft oder Beschaffenheit einer Person oder Sache getroffen wird.

Ő egy német lány.
ő edj német lánj
sie ein deutsch Mädchen
Sie ist ein deutsches Mädchen.

„haben"

Im Ungarischen gibt es kein Verb, das dem deutschen „haben" entspricht. Man kann also nicht 1:1 übersetzen. Stattdessen muss man eine Satzkonstruktion benutzen.

Hilfsverben

Dazu braucht man den ungarischen Dativ (**-nak**, **-nek**), die besitzanzeigenden Nachsilben **-m**, **-d**, **-ja** usw. und anstelle des Verbes „haben" das ungarische Verb **lenni** (sein), das am Satzende steht. Das sieht dann so aus:

Die ungarische Konstruktion entspricht etwa folgender: dem Peter ist ein Auto eigen.

Péternek - autója van.
péternek autója wan
Peter+Dativ Auto-sein ist
Peter hat ein Auto.

Mit persönlichen Fürwörtern (auch im Wemfall!) sieht das so aus:

Nekem lakásom van.
nekem lakáschom wan
mir Wohnung-mein ist
Ich habe eine Wohnung.

Neki szobája van.
neki ßobája wan
ihm/ihr Zimmer-sein/-ihr ist
Er/Sie hat ein Zimmer.

Die persönlichen Fürwörter kann man aber auch weglassen.

Autód van.
autód wan
Auto-dein ist
Du hast ein Auto.

Verneinung von „haben" & „sein"

Der Ungar verneint einen Satz, in dem „sein" oder „haben" steht, mit **nincs** oder **nincsen**.

Hilfsverben

Was den deutschen Verneinungsformen „ist nicht", „ist keiner", „nicht ist", oder „gibt es nicht" entspricht.

Van itt szabad hely?
wan itt ßabad hej
ist hier frei Platz
Gibt es hier einen freien Platz?

Nincs oder **Nincsen.**
nintsch/nintschen
ist-nicht
Nein, gibt es nicht.

Van ott szabad hely?
wan ott ßabad hej
ist dort frei Platz
Gibt es dort einen freien Platz?

Ott sincs(en).
ott schintsch
dort ist-nicht
Nein, dort auch nicht.

Wendungen mit „haben" & „sein"

Éhes vagyok.
échesch wadjok
hungrig bin-ich
Ich bin hungrig.

Neked igazad van.
neked igasad wan
dir Recht-dein ist
Du hast Recht.

Nem vagyok szomjas.
nem wadjok ßomjasch
nicht bin-ich durstig
Ich bin nicht durstig.

Neki nincs láza.
neki nintsch lása
ihm/ihr ist-nicht Fieber-sein/ihr
Er/sie hat kein Fieber.

harminchárom

Wortstellung

Wortstellung

Für die Wortstellung gibt es im Ungarischen nicht so viele feste Regeln wie im Deutschen, allerdings ist sie auch nicht ganz ohne. Der einfache Satz besteht aus Subjekt (Satzgegenstand) und Prädikat (Satzaussage), und das Verb (Tätigkeitswort) steht am Ende des Satzes. Alle übrigen Satzglieder stehen zwischen Subjekt und Prädikat.

Das „ich" (én) muss man nicht mitsprechen.

(Én) német vagyok.
én német wadjok
(ich) Deutsche(r) bin
Ich bin Deutsche(r).

(Én) most haza megyek.
én moscht hasa medjek
(ich) jetzt heimgehe
Ich gehe jetzt nach Hause.

Die Wortstellung im Fragesatz ist wie bei uns: Fragewort + Prädikat + Subjekt.

Antwortet man auf die Frage, dann steht an der Stelle des Fragewortes das Erfragte:

Frage: **Hol van a pályaudvar?**
hol wan a pájaudwar
Wo ist der Bahnhof?

Noch eine Regel zur Erleichterung: Stellen Sie das, was Ihnen wichtig ist, an den Satzanfang.

Antwort: **A pályaudvar közel van.**
a pájaudwar kösel wan
der Bahnhof nah ist
Der Bahnhof ist in der Nähe.

harmincnégy

Eigenschaftswörter

Die Ungarn lieben es, ihre Sätze mit Eigenschaftswörtern auszuschmücken. Sie gebrauchen diese Wörter so häufig, da sie gerne farbig und bildhaft erzählen und wahnsinnig gern Komplimente machen. Für deutsche Ohren klingen einige Eigenschaftswörter fremd, da sie bei uns nicht im täglichen Gebrauch sind. Man sollte sie dennoch benutzen, denn dadurch kann man fehlende Sprachkenntnisse wunderbar ausgleichen.

jaj de ...	oh aber ...
jaj de jó ...	oh wie gut ...
jaj de fantasztikus *fantaßtikusch*	... phantastisch
jaj de csodálatos *tschodálatosch*	... wunderbar
jaj de szép *ßép*	... schön
jaj de édes *édesch*	... süß
jaj de drága	... teuer

Als Regel gilt: wenn Ihnen etwas gefällt, sollten Sie es unbedingt sagen, z. B. durch diese Ausrufe.

im übertragenen Sinn

Das wichtigste Eigenschaftswort ist **édes** *(édesch)* = süß, was soviel wie „sehr nett", „sehr schön", „sehr lieb" bedeutet. **Édes** sagt der Mann zur Frau und umgekehrt. **Édes** ist auch die nette Verkäuferin, alles was gefällt, und die Kinder sind es sowieso.

harmincöt | 35

Eigenschaftswörter

édes vagy.
édesch wadj
süß du-bist
Du bist süß.

Als Anrede sind **édes** = Süße(r) oder **édesem** = mein(e) Süße(r) sehr stark verbreitet.

Das Eigenschaftswort als Beifügung (Attribut) steht wie im Deutschen vor dem Bezugswort und bleibt immer unverändert (außer in der Mehrzahl):

szép idő *ßép idő*	schönes Wetter
szép kilátás *ßép kilátásch*	schöne Aussicht
szép film *ßép film*	schöner Film
kedves vendég *kedwesch wendég*	lieber Gast
kedves gyerek *kedwesch djerek*	liebes Kind
kedves nő *kedwesch nő*	liebe Frau

Einige wichtige Eigenschaftswörter

jó	gut	**rossz** *roßß*	schlecht
helyes *hejesch*	richtig	**téves** *téwesch*	falsch

Eigenschaftswörter

nagy *nadj*	groß	**kicsi** *kitschi*	klein
széles *ßélesch*	breit	**keskeny** *keschkenj*	eng
szép *ßép*	schön	**csúnya** *tschúnja*	hässlich
könnyű *könjnjü*	leicht	**nehéz** *nehés*	schwer
gyors *djorsch*	schnell	**lassú** *laschschú*	langsam
hideg	kalt	**meleg**	warm
tele	voll	**üres** *üresch*	leer
fiatal	jung	**öreg**	alt
olcsó *oltschó*	billig	**drága**	teuer

Wichtige Eigenschaftswörter, die man gebrauchen sollte, wenn man sein Wohlgefallen ausdrücken möchte:

drága	teuer
aranyos *(aranjosch)*	goldig
tündéri	feenhaft
csodálatos *(tschodálatosch)*	wunderbar
fantasztikus *(fantaßtikusch)*	phantastisch

bomba jó
bombig gut
bombig

marha jó
Vieh gut
sehr gut

*Die Ungarn umgehen gerne negative Eigenschaften und heben lieber die Positiven hervor. So ist z. B. das schlechte Theaterstück auf jeden Fall **érdekes** (érdekesch) = interessant. Und das hässliche Mädchen ist auf jeden Fall **kedves** (kedwesch) = nett, lieb.*

Eigenschaftswörter

Farben

piros *pirosch*	rot	**fekete**	schwarz
zöld *söld*	grün	**szürke** *ßürke*	grau
fehér	weiß	**ezüst** *esüscht*	silber
barna	braun	**arany** *aranj*	gold
narancs *narantsch*	orange	**világos** *wilágosch*	hell
kék	blau	**sötét** *schötét*	dunkel
sárga *schárga*	gelb		

Mehrzahl der Eigenschaftswörter

Sind die Eigenschaftswörter Teil einer Satzaussage (Prädikat), haben sie eine Mehrzahlform:

A hely szabad.
a hej ßabad
der Platz frei
Der Platz ist frei.

A helyek szabadok.
a hejek ßabadok
die Plätze frei
Die Plätze sind frei.

Az utca hangos.
as utza hangosch
die Straße laut
Die Straße ist laut.

Az utcák hangosak.
as utzák hangoschak
die Straßen laut
Die Straßen sind laut.

Eigenschaftswörter

Einzahl	Mehrzahl	
jó	jók	gut
rossz	rosszak *(roßßak)*	schlecht
szabad	szabadok *(ßabadok)*	frei
idegen	idegenek	fremd
furcsa	furcsák *(furtschák)*	merkwürdig, komisch

Das Zeichen des Plurals ist **-k**.

Wie schon erwähnt, benötigt man in der 3. Person Einzahl/Mehrzahl das Hilfsverb „sein" nicht, wenn man ein Ding/eine Person beschreibt:

A lány szép. **A lányok szépek.**
a lánj ßép *a lánjok ßépek*
das Mädchen schön *die Mädchen schöne*
Das Mädchen ist schön. Die Mädchen sind schön.

A kép érdekes. **A képek érdekesek.**
a kép érdekesch *a képek érdekeschek*
das Bild interessant *die Bilder interessante*
Das Bild ist interessant. Die Bilder sind interessant.

Steigerung der Eigenschaftswörter

1. Steigerungsform:
Eigenschaftswort + **-bb**:

forró – forróbb	heiß – heißer
szabad – szabadabb *(ßabadabb)*	frei – freier

harminckilenc | 39

Eigenschaftswörter

2. Steigerungsform:
leg- + Eigenschaftswort + **-bb**

legforróbb	am heißesten
legszabadabb	am freiesten
(legßabadabb)	

Ausnahme! **szép** *(ßép)* **szebb** *(ßebb)* **legszebb** *(legßebb)*
schön schöner am schönsten

Vergleichen

Vergleichende Sätze zu bilden, ist einfach. Man benutzt entweder **olyan mint** *(ojan mint)* = „so wie" oder die 2. Steigerungsform des Eigenschaftswortes und das **mint** (= wie als):

(Te) olyan szép vagy mint egy rózsa.
te ojan ßép wadj mint edj rósha
du so schön bist wie eine Rose
Du bist so schön wie eine Rose.

(Te) szebb vagy mint egy rózsa.
te ßebb wadj mint edj rósha
du schöner bist wie eine Rose
Du bist schöner als eine Rose.

Adjektiv mit Suffix -i

Mit der Nachsilbe **-i** kann man aus Substantiven (Hauptwörtern) Adjektive (Eigenschaftswörter) bilden. Im Deutschen entspricht dieses Suffix den Endungen -er, -lich, -isch.

Eigenschaftswörter

Budapest (Budapest)	**budapesti** (Budapester)
ember (Mensch)	**emberi** (menschlich)
állat (Tier)	**állati** (tierisch)

Umstandswörter (Adverbien)

Am häufigsten benutzt man zur Bildung die Nachsilbe **-n**, **-an**, **-en**:

szép *(ßép)* – **szépen** *(ßépen)*	schön	**köszönöm szépen**
gyors *(djorsch)* – **gyorsan** *(djorschan)*	schnell	*(kößönöm ßépen)* = *danke schön*

Nagyon gyorsan csinálod.
nadjon djorschan tschinálod
sehr schnell machst-du-es
Du machst es sehr schnell.

Dann gibt es noch die Nachsilbe **-ul**, **-ül**:

rossz *(roß)* – **rosszul** *(roßßul)*	schlecht

Rosszul vagyok.
roßßul wadjok
schlecht bin-ich
Mir ist schlecht.

jó *(jó)* – **jól** *(jól)*	gut	*Ausnahme!*

Jól vagyok.
jól wadjok
gut bin-ich
Mir geht es gut.

negyvenegy | 41

Dies & Das

Diese hinweisenden Fürwörter stehen immer mit dem bestimmten Artikel verbunden vor dem Hauptwort:

Einzahl		Mehrzahl	
ez	dieser, diese, dieses	**ezek**	diese
az	jener, jene, jenes	**azok**	jene

ez a lány *(es a lánj)*
dieses Mädchen

az a fiú *(as a fijú)*
jener Junge

ezek a gyerekek
(esek a djerekek)
diese Kinder

azok az emberek
(asok as emberek)
jene Leute

Wichtig ist noch zu wissen, dass **ez** und **az** immer die gleichen Endungen haben wie das dazugehörige Hauptwort. Das ist besonders wichtig, wenn es um den Wenfall (Akkusativ) geht. Denn wenn man an das Hauptwort das **-t** des Akkusativs hängt, muss man auch an **ez** und **az** das **-t** hängen:

Ezt a szőlőt kérem.
est a ßőlőt kérem
diese die Traube bitte-ich
Diese Traube möchte ich.

Wenn man das Hauptwort aus dem Satz rausnimmt, stehen **ez** (dies) oder **az** (jenes) allein für das Hauptwort da. Sie behalten dann die Endung, die das herausgenommene Hauptwort hatte:

Ezt kérem.
est kérem
dies bitte-ich
Dies möchte ich.

Hier & Dort

Itt (= hier) und **ott** (= dort) hört man meist zusammen mit **van** (= ist), besonders wenn man **hol van?** (= wo ist?) fragt.

Itt van. *(itt wan)*	Hier ist (es).
Ott hátul van.	Dort hinten ist (es).

Verben & Zeiten

Da die Verben immer ein schwieriges Thema sind, möchte ich Ihnen hier einige Tipps geben, wie Sie sich ohne viel Mühe verständlich machen können: Wenn Sie die Beugung eines Verbes nicht kennen, benutzen Sie die ungebeugte Form, also die Nennform (Infinitiv). Man kann sie einfach bilden, indem man an den Verbstamm die Nachsilbe **-ni** hängt:

áll – steht	**állni** – stehen
ül – sitzt	**ülni** – sitzen

Merken Sie sich folgende drei Wörter, die den deutschen Modalverben entsprechen und nicht gebeugt werden:

szabad	*ßabad*	dürfen
lehet	*lehet*	können, möglich sein
kell	*kell*	müssen, sollen

Fügt man das Verb im Infinitiv hinzu, hat man einen einfachen Satz aus nur zwei Wörtern.

Übersetzt entspricht das unserer „man-Form".

Szabad dohányozni?
ßabad dohánjosni
dürfen rauchen
Darf man rauchen?

Kell fizetni?
kell fisetni
müssen zahlen
Muss man zahlen?

Verben & Zeiten

Lehet enni?
lehet enni
können essen
Kann man essen?

Will man doch noch ein persönliches Fürwort hinzunehmen, verlangt diese Konstruktion das persönliche Fürwort im Wemfall:

Nekem kell fizetni?
nekem kell fisetni
mir müssen zahlen
Muss ich zahlen?

Neked szabad utazni?
neked ßabad utasni
dir dürfen reisen
Darfst du reisen?

Neki lehet választani.
neki lehet wálaßtani
ihm/ihr können wählen
Er/sie kann wählen.

Önnek szabad leülni.*
önnek ßabad leülni
ihnen dürfen sich-setzen
Sie dürfen sich setzen.

Nekünk kell menni.
nekünk kell menni
uns müssen gehen
Wir müssen gehen.

Nektek szabad inni.
nektek ßabad inni
euch dürfen trinken
Ihr dürft trinken.

Nekik lehet épiteni.
nekik lehet épiteni
ihnen können bauen
Sie können bauen.

Önöknek szabad jönni.*
önökek ßabad jönni
Ihnen dürfen kommen
Sie dürfen kommen.

*Höflichkeitsform

Beugung (Konjugation)

Im Ungarischen gibt es drei verschiedene Verbgruppen, die jeweils andere Endungen

negyvenöt | 45

Verben & Zeiten

haben und deshalb nach einem anderen Schema gebeugt werden.

Zusätzlich gibt es noch unregelmäßige Verben, von denen einige wichtig sind und auswendig gelernt werden müssen.

In jeder Gruppe gibt es tief- und hochvokalische Verben, d. h., man muss wieder den Bindevokal vor der Endung dem Wortstamm angleichen.

Die Beugung der Verben wird noch komplizierter dadurch, dass es zwei Beugungsformen gibt: die bestimmte und die unbestimmte Konjugation.

Sollten Sie keine Lust haben, beide Konjugationsformen zu lernen, empfehle ich Ihnen die unbestimmte Konjugation der regelmäßigen Verben zu lernen. Sie werden damit auf jeden Fall verstanden. Übrigens verwechseln auch die Ungarn mitunter die beiden Beugungsformen.

Wichtig: Die Verbgrundform (Infinitiv) besteht aus dem Verbstamm und der Endung **-ni**. Im Wörterbuch werden die Verben ohne **-ni** angegeben. Dort findet man nur den Verbstamm, der auch gleichzeitig der dritten Person Einzahl (er, sie, es) in der Gegenwart entspricht. Das ist sehr praktisch, denn sucht man ein Verb im Wörterbuch, kann man an der dritten Person Einzahl ablesen, zu welcher Verbgruppe das Verb gehört:

regelmäßiges Verb:	**olvas** (olwasch)	er/sie liest
„**-ik**"-Verb:	**dolgozik** (dolgosik)	er/sie arbeitet
„**-sz**"-Verb:	**vesz** (weß)	er/sie nimmt, kauft

Verben & Zeiten

Ist ein Verb allerdings unregelmäßig, kann man das nicht so leicht erkennen. Ich habe deshalb die Beugung der drei wichtigsten unregelmäßigen Verben (gehen, kommen, sein) aufgeschrieben. Für diejenigen, die korrekt sprechen wollen, hier die Schemata.

Gegenwart – Regelmäßige Verben: Die unbestimmte Beugung

Sie ist sozusagen der Normalfall. Damit kann man viele Verben beugen. Achten Sie nur bei der Auswahl der Endung auf die Vokalharmonie (dunkles Verb – dunkle Endung, helles Verb – helle Endung). Damit Sie sich die Personalendungen besser einprägen können, habe ich sie in der Tabelle zusätzlich aufgeschrieben:

	tiefvokalisch tudni (wissen)	Endung	hochvokalisch kérni (bitten)	Endung
én	tudok	-ok	kérek	-ek
te	tudsz	-sz	kérsz	-sz
ő, ön	tud	-	kér	-
mi	tudunk	-unk	kérünk	-ünk
ti	tudtok	-tok	kértek	-tek
ők, önök	tudnak	-nak	kérnek	-nek

Kérsz almát?
kérß almát
bittest-du Apfel
Möchtest du einen Apfel?

Verben & Zeiten

Die bestimmte Beugung

Die bestimmte Beugung ist eine Eigenart der ungarischen Sprache. Man muss sie benutzen, wenn die Satzergänzung (Akkusativobjekt) bestimmt ist. Also, sowie man ein bestimmtes Ding will, oder mit dem Finger auf ein bestimmtes Stück zeigt, muss man die bestimmte Beugung benutzen. Die Ungarn sagen vor dem bestimmten Ding meist dies oder jenes (**ez**, **az**). Hier ist die Tabelle:

	tiefvokalisch tudni (wissen)	Endung	hochvokalisch kérni (bitten)	Endung
én	tudom	-om	kérem	-em
te	tudod	-od	kéred	-ed
ő, ön	tudja	-ja	kéri	-i
mi	tudjuk	-juk	kérjük	-jük
ti	tudjátok	-játok	kéritek	-itek
ők, önök	tudják	-ják	kérik	-ik

Kéred (ezt) az almát?
kéred est as almát
bittest-du (diesen) der Apfel
Möchtest du diesen/den Apfel?

Verben mit Zischlauten (**s**, **sz**, **z**) am Wortstammende tauschen das **-j** gegen einen Zischlaut ein. So entsteht ein doppelt langer Zischlaut:

olvassa *(olwaschscha)* = er/sie/es liest

48 negyvennyolc

Verben & Zeiten

Die „-ik"-Verben

Die Verben, die zu dieser Gruppe gehören, haben in der 3. Person Einzahl die Endung **-ik**, ihr Erkennungszeichen. In der 1. Person Einzahl haben sie eine **m**-Endung und in der 2. Person Einzahl haben die Verben, die auf Zischlaute (**s**, **z**, **sz**) enden, ein **-l**.

Die unbestimmte Beugung

dolgozni	(etwas arbeiten)
én	dolgozom valamit
te	dolgozol valamit
ő/ön	dolgozik valamit
mi	dolgozunk valamit
ti	dolgoztok valamit
ők/önök	dolgoznak valamit

Diese Verben kommen meistens in der unbestimmten Beugung vor, deshalb lasse ich die bestimmte Beugung weg.

Die „-sz"-Verben

In diese Gruppe gehören sieben Verben, die man oft braucht. Sie haben einen Wortstamm aus nur einem oder zwei Buchstaben. Darum erweitern sie den Wortstamm in der Gegenwartsform durch **-sz**:

Nennform		Stamm	3. Person Ez
tenni	tun, machen	**te-**	**tesz**
lenni	werden, sein	**le-**	**lesz**
venni	nehmen, kaufen	**ve-**	**vesz**
hinni	glauben, denken	**hi-**	**hisz**

Verben & Zeiten

vinni	tragen, bringen	vi-	visz
enni	essen	e-	eszik
inni	trinken	i-	iszik

Die unbestimmte Beugung

venni (nehmen, kaufen)	
én	veszek még*
te	veszel még
ő/ön	vesz még
mi	veszünk még
ti	vesztek még
ők/önök	vesznek még

*ich nehme noch

Die bestimmte Beugung

Én ezt a bort veszem.
én est a bort weßem
ich dies-Akk. der Wein-Akk. kaufe-ich
Ich kaufe diesen Wein.

venni (nehmen, kaufen)	
te	ezt a bort veszed
ő/ön	ezt a bort veszi
mi	ezt a bort vesszük
ti	ezt a bort veszitek
ők/önök	ezt a bort veszik

enni & inni

Hier die vollständige Konjugation von **enni** (= essen) und **inni** (= trinken), die beide Aus-

Verben & Zeiten

nahmen sind. Sie bekommen in der 3. Person ein **-ik**, und **inni** gilt als tiefvokalisch(!):

Die unbestimmte Beugung

	enni	inni
én	eszem	iszom valamit
te	eszel	iszol valamit
ő/ön	eszik	iszik valamit
mi	eszünk	iszunk valamit
ti	esztek	isztok valamit
ők/önök	esznek	isznak valamit

Die bestimmte Beugung

	enni	inni
én	ezt eszem	iszom
te	ezt eszed	iszod
ő/ön	ezt eszi	issza
mi	ezt esszük	isszuk
ti	ezt eszitek	isszátok
ők/önök	ezt eszik	isszák

Wichtige unregelmäßige Verben

Es gibt drei wichtige unregelmäßige Verben, die man oft brauchen wird: **lenni** (sein), **menni** (gehen) und **jönni** (kommen). Ihre Beugung ist völlig unregelmäßig, so dass man sie nur auswendig lernen kann oder sie sich beim Sprechen einprägt.

Verben & Zeiten

	menni (gehen)	jönni (kommen)
én	megyek *(medjek)*	jövök *(jöwök)*
te	mész *(méß)*	jössz *(jößß)*
ő/ön	megy *(medj)*	jön
mi	megyünk *(medjünk)*	jövünk *(jöwünk)*
ti	mentek	jöttök
ők/önök	mennek	jönnek

Vergangenheit

Im Ungarischen gibt es nur eine Vergangenheitsform. Endet der Verbstamm auf einem Konsonanten, ist das Zeichen für die Vergangenheit **-t**. Endet er auf einem Vokal, ist das Zeichen der Vergangenheit **-tt**. In der Beugung kommt dann noch die Personalendung der Vergangenheit hinzu (z. B. Einzahl 1. Person: **-m**, **-am** oder **-em**). Hier für die drei Verbgruppen (regelmäßige Verben, „-ik"-Verben und „-sz"-Verben) die Beispiele der unbestimmten Beugung:

Gegenwart		Vergangenheit	
akarok	ich will	akartam	ich wollte
akar	er will	akart	er wollte
dolgozom	ich arbeite	dolgoztam	ich arbeitete
dolgozik	er arbeitet	dolgozott	er arbeitete
veszek	ich nehme	vettem	ich nahm
vesz	er nimmt	vett	er nahm

Hier einige wichtige unregelmäßige Beispiele:

Gegenwart		Vergangenheit	
eszem	ich esse	ettem	ich aß
eszik	er isst	evett	er aß

Verben & Zeiten

Gegenwart		Vergangenheit	
iszom	ich trinke	**ittam**	ich trank
iszik	er trinkt	**ivott**	er trank

lenni (sein)			
voltam	ich war	**voltunk**	wir waren
voltál	du warst	**voltatok**	ihr wart
volt	er war	**voltak**	sie waren

Personalendungen der Vergangenheit mit Vokalharmonie-Varianten:

ich	-m, -ám, -em	wir	-unk, -ünk
du	-ál, -él	ihr	-atok, -etek
er	-	sie	-ak, -ek

Zukunft

Zur Bildung der Zukunftsformen braucht man:
- die persönlichen Fürwörter
- die entsprechende Form von 'werden' (= **fog**, regelmäßiges Verb)
- und das Verb in der Nennform (Infinitiv).

vásárolni	**(einkaufen)**
én fogok vásárolni	ich werde einkaufen
te fogsz vásárolni	du wirst einkaufen
ő fog vásárolni	er, sie, es wird einkaufen
mi fogunk vásárolni	wir werden einkaufen
ti fogtok vásárolni	ihr werdet einkaufen
ők fognak vásárolni	sie werden einkaufen

ötvenhárom

Fragen

Fragen

Bei Fragesätzen, die man mit ja oder nein beantworten kann, ist die Wortstellung die des Aussagesatzes. Das wichtigste Wort steht dabei am Anfang. Erkennen kann man die Frage an der Sprachmelodie.

Bete<u>g</u> vagy?   **ungarische Melodie**
beteg wadj   (ab 3 Silben)
krank bist-du?
Bist du <u>krank</u>?   **deutsche Melodie**

Bei der unterstrichenen Silbe geht der Ton nach oben. Beginnt der Fragesatz mit einem Fragewort, ist die Wortstellung wie im Deutschen:

Fragewort – Prädikat – Subjekt.

hova   **Hova megy (ön)?** *(howa medj ön)*
wohin?   Wohin gehen/fahren Sie?

hol   **Hol van a posta?** *(hol wan a poschta)*
wo?   Wo ist die Post?

mi   **Mi ez?** *(mi es)*
was?   Was ist das?

ki   **Ki ez?** *(ki es)*
wer?   Wer ist das?

Fragen

mikor	**Mikor indul a vonat?** *(... indul a wonat)*
wann?	Wann fährt der Zug?

miért	**Miért nem jössz?** *(mijért nem jößß)*
	warum nicht kommst-du
warum?	Warum kommst du nicht?

milyen	**Milyen bort kérsz?** *(mijen bort kérß)*
was für	*was-für Wein-Akk. bittest-du*
ein(e)?	Was für einen Wein möchtest du?

	Milyen a sör? *(mijen a schör)*
wie ist ...?	Wie ist/schmeckt das Bier?

melyik	**Melyik utcán kell menni?**
	(mejik utzán kell menni)
welche	*welche Straße-auf-Dat. müssen gehen*
(r/s)?	Welche Straße muss man gehen?

hogy	**Hogy vagy/van?**	**Hogy hívnak?**
	(hodj wadj/wan)	*(hodj híwnak)*
	wie bist-du/ist	*wie nennen-Sie*
wie?	Wie geht es dir?	Wie heißt du?

wie viel

Hány und **mennyi** werden beide mit „wie viel" übersetzt. Bei **mennyi** fragt man nur nach der Menge in Kilogramm oder Gramm. **Hány** erfragt die Stückzahl:

hány? Wie viele?
mennyi? Wie viel?

Fragen

Mennyi kolbászt kér?
menjnji kolbáßt kér
wie-viel Wurst bitte
Wie viel Wurst (Gewicht) wollen Sie?

Hány kolbászt kér?   **Hány éves vagy?**
hánj kolbáßt kér   *hánj éwesch wadj*
wie-viel Wurst bitte   *wie-viel Jahre bist-du*
Wie viele Würste   Wie alt bist du?
(Stück) wollen Sie?

Nach **hány** oder **mennyi** steht das Hauptwort immer in der Einzahl.

Hány ember van itt?
hánj ember wan itt
wie-viel Mensch ist hier
Wie viele Leute sind hier?

Das Verb **kerül** (kosten) verlangt die Nachsilbe **-ba, -be.**

Mennyibe kerül?   **Ezer forintba kerül.**
menjnjibe kerül   *eser forintba kerül*
wie-viel-in kostet   *tausend Forint-in kostet*
Was kostet das?   Es kostet tausend Forint.

Eine höfliche Frageformel

Eine viel gebrauchte Höflichkeitsformel in der Umgangssprache ist: **tetszik** *(tezzik)* + **Infinitiv**.

Diese Form kann ich sehr empfehlen, weil sie nicht nur höflich, sondern auch noch einfach ist.

Hova tetszik menni?
howa tezzik menni
wohin gefällt-es-Ihnen gehen
Wohin gehen/fahren Sie?

Hol tetszik lakni?
hol tezzik lakni
wo gefällt-es-Ihnen wohnen
Wo wohnen Sie?

„Ich möchte"

Sagt ein Ungar „ich möchte", benutzt er das Wort lieben (**szeretni**), das oft im Sinne von „mögen", „gern haben" benutzt wird. Komischerweise braucht man zusätzlich die Nachsilbe **-né**, die soviel heißt wie „würde":

szeretnék
ßeretnék
lieben-würde-ich
ich möchte

Befehlen

Das Zeichen der Befehlsform ist „**j**". Die Bildung sieht so aus:

Verbstamm + **j** + Personalendung

vár-j-ál! *(wárjál)*	warte!
ír-j-ál! *(írjál)*	schreib!
men-j-él! *(menjél)*	geh weg!
figyel-j-etek! *(fidjejjetek)*	hört zu!

Auf der Straße wird man oft auch Ausnahmen hören:

gyere ide! *(djere ide)*	komm her!
vigyázz! *(widjás)*	pass auf!
add ide! *(add ide)*	gib her!

Bindewörter

Die Bindewörter verwendet man – mit Ausnahme von **is** (auch), das nicht vor, sondern nach dem Bezugswort steht – wie im Deutschen.

és *(esch)*	und
meg	und (volkstümlich)
vagy *(wadj)*	oder
vagy ... vagy *(wadj)*	entweder ... oder
de	aber, doch
is *(isch)*	auch

Voltam Budapesten és a Balatonon is.
woltam budapeschten ésch a balatonon isch
war-ich Budapest-an und der Plattensee-an auch
Ich war in Budapest und auch am Plattensee.

Vagy indulunk, vagy maradunk.
wadj indulunk, wadj maradunk
oder losgehen-wir, oder bleiben-wir
Entweder gehen wir los oder wir bleiben.

Süt a nap, de a levegő hűvös.
schüt a nap, de a lewegő hűwösch
scheint die Sonne, aber die Luft kühl
Die Sonne scheint, aber die Luft ist kühl.

Verhältniswörter

Im Ungarischen kommen die Verhältniswörter in zwei Variationen vor: einmal als Nachsetzung (Postposition) und zum anderen als Nachsilbe (Suffix).

Nachgesetzte Verhältniswörter

Als Nachsetzung stehen sie meistens mit dem Hauptwort im Werfall (Nominativ):

reggeli után **jegy nélkül** *(jedj nélkül)*
Frühstück nach *Fahrkarte ohne*
nach dem Frühstück ohne Fahrkarte

Weitere Verhältniswörter, die nachgesetzt werden:

után	nach (zeitl.)
körül	um (herum)
mellett	neben
mögött	hinter
előtt	vor (örtl. + zeitl.)
alatt	unter
fölött	über
közel *(kösel)*	nah
között *(kösött)*	zwischen
balra	links
jobbra	rechts
szerint *(ßerint)*	laut, gemäß
felé	nach (örtl.)

Verhältniswörter

So kann man Raum- oder Zeitverhältnisse ausdrücken. An die Nachsetzungen kann man auch Personalendungen kleben, z. B.:

után-a-m	nach mir, hinter mir	
szerint-e *(ßerinte)*	nach ihm	*nach ihrer Meinung*
fölött-e-d	über dir	

Nachsilben der Ortsbestimmung

Präpositionen wie „in", „auf", „an", „zu", „bei", „aus" und „von" werden im Ungarischen durch Nachsilben ausgedrückt. Die Wahl der Nachsilben ist immer von der Bewegung abhängig. Die Nachsilben haben wieder zwei Formen, eine für tief- und eine für hochvokalische Wörter (**ház** = Haus, **fa** = Baum, **utca** = Straße).

Verhältniswörter

Hova megy? *(howa medj)*

Wohin geht er/sie/es?

A házba megy. *(a hásba medj)*
das Haus-in-Akk. geht-er/sie/es
Ins Haus geht er/sie/es.

Az utcára megy. *(as utzára medj)*
die Straße-auf-Akk. geht-er
Auf die Straße geht er/sie/es.

A fához megy. *(a fáhos medj)*
der Baum-zu geht-er
Zum Baum geht er/sie/es.

Hol van? *(hol wan)*
wo ist
Wo ist er/sie/es?

A házban van. *(a hásban wan)*
das Haus-in-Dat. ist
Im Haus ist er/sie/es.

Az utcán van. *(as utzán wan)*
die Straße-auf-Dat. ist
Auf der Straße ist er/sie/es.

A fánál van. *(a fánál wan)*
der Baum-an-Dat. ist
Am Baum ist er/sie/es.

Honnan jön? *(honnan jön)*

Woher kommt er/sie/es?

A házból jön. *(a hásból jön)*
das Haus-aus kommt-er
Aus dem Haus kommt er/sie/es.

Az utcáról jön. *(as utzáról jön)*
die Straße-von kommt-er
Von der Straße kommt er/sie/es.

A fától jön. *(a fától jön)*
der Baum-von kommt-er
Vom Baum kommt er/sie/es.

Verhältniswörter

	hova? wohin?	**hol?** wo?	**honnan?** woher?
Ortsbestimmung: der innere Raum	**-ba, -be** (in)	**-ban, -ben** (in)	**-ból, -ből** (aus)
Ortsbestimmung: die Oberfläche	**-ra, -re** (auf, an)	**-n, -on, -en, -ön** (auf, an)	**-ról, -ről** (von)
Ortsbestimmung: die seitliche Nähe	**-hoz, -hez, -höz** (zu, an)	**-nál, -nél** (bei, an)	**-tól, -től** (von)

„mit"

Wieder auf die Vokalharmonie achten!

Das Wörtchen „mit" ist im Ungarischen eine Nachsilbe: **-val**, **-vel**, die man an Substantive (Hauptwörter) kleben kann:

szóda – szódával   mit Mineralwasser
ßódáwal

Oder aber man hängt an **vel-** eine Personalendung:

velem *(welem)*	mit mir
veled *(weled)*	mit Dir
vele *(wele)*	mit ihm/ihr
velünk *(welünk)*	mit uns
veletek *(weletek)*	mit euch
velük *(welük)*	mit Ihnen

Tessék velem jönni!
teschschék welem jönni
bitte mit-mir kommen
Kommen Sie bitte mit!

hatvanhárom | **63**

Zahlen

Zahlen

Die Reihenfolge der gesprochenen Zahlen entspricht immer dem Schriftbild. Die Zehnerzahlen **tíz** (= 10) und **húsz** (= 20) werden mit den Einerzahlen durch das Suffix **-en** bzw. **-on** verbunden.

Grundzahlen

0	**nulla**	30	**harminc** *(harminz)*
1	**egy** *(edj)*	40	**negyven** *(nedjwen)*
2	**kettő**	50	**ötven** *(ötwen)*
3	**három**	60	**hatvan** *(hatwan)*
4	**négy** *(nédj)*	70	**hetven** *(hetwen)*
5	**öt**	80	**nyolcvan** *(njolzwan)*
6	**hat**	90	**kilencven** *(kilenzwen)*
7	**hét**	100	**száz** *(ßás)*
8	**nyolc** *(njolz)*	101	**százegy** *(ßásedj)*
9	**kilenc** *(kilenz)*	110	**száztíz** *(ßástís)*
10	**tíz** *(tís)*	1000	**ezer** *(eser)*
11	**tizenegy** *(tisenedj)* 10-en-1	1100	**ezeregyszáz** *(eseredjßás)*
19	**tizenkilenc** *(tisenkilenz)* 10-en-9	10000	**tízezer** *(tíseser)*
20	**húsz** *(húß)*		
21	**huszonegy** *(hußonedj)* 20-on-1		
22	**huszonkettő** *(hußonkettő)* 20-on-2		

Zahlen

Lässt man nach einer Grundzahl das Hauptwort weg, muss man die Endungen des Hauptwortes an die Grundzahl fügen.

Kérsz száz Forintot?
kérß ßás forintot
Möchtest du 100 Forint?

Kérsz százat?
kérß ßásat
Möchtest du 100?

Ordnungszahlen

Außer **első** (erste/-r/-s) und **másodi k** (zweite/-r/-s) bildet man die Ordnungszahlwörter mit der Endung **-dik**. Davor steht immer ein Bindevokal.

1.	**első** *(elschő)*	10.	**tizedik** *(tisedik)*
2.	**második** *(máschodik)*	11.	**tizenegyedik** *(tisenedjedik)*
3.	**harmadik**	12.	**tizenkettedik** *(tisenkettedik)*
4.	**negyedik** *(nedjedik)*	13.	**tizenharmadik** *(tisenharmadik)*
5.	**ötödik**	14.	**tizennegyedik** *(tisennedjedik)*
6.	**hatodik**	20.	**huszadik** *(hußadik)*
7.	**hetedik**	34.	**harmincnegyedik** *(harminznedjedik)*
8.	**nyolcadik** *(njolzadik)*	50.	**ötvenedik** *(ötwenedik)*
9.	**kilencedik** *(kilenzedik)*	100.	**századik** *(ßásadik)*

Zahlen

Merke: Nach unbestimmten und bestimmten Zahlwörtern steht das Hauptwort immer in der Einzahl!

minden jót kívánok	alles Gute wünsche ich
sok lány	viele Mädchen
(schok lánj)	
kevés ember	wenige Menschen
(kewésch ember)	
tíz alma	zehn Äpfel
(tís alma)	

"-mal"

"-mal" wird mit der Nachsilbe **-szor**, **-szer**, **-ször** gebildet:

egyszer *(edjßer)*	einmal
kétszer *(kétßer)*	zweimal
háromszor *(háromßor)*	dreimal
négyszer *(nédjßer)*	viermal
ötször *(ötßör)*	fünfmal, usw.

Mengenangaben

egy kiló *(edj kiló)*/**fél kiló**	1 Kilo/0,5 Kilo
tíz deka *(tís deka)*	10 Dekagramm (100 Gramm)
egy tucat *(edj tuzat)*	1 Dutzend
a fele	die Hälfte
a negyede *(a nedjede)*	1/4

Zeitangaben

a harmada	1/3
egy liter *(edj liter)*/**fél liter**	1 Liter/0,5 Liter
egy deci *(edj dezi)*	1 Deziliter (= 1 Glas Wein)
fél deci *(fél dezi)*	1/2 Deziliter (= 1 Glas Schnaps)
tíz darab *(tis darab)*	10 Stück

Zeitangaben

Nach der Uhrzeit fragt man so:

Hány óra?
hánj óra
wie-viel Stunde (ist)
Wie spät ist es?

4:00	**négy (óra van)** *(nédj óra wan)*	*4 (Uhr ist)*
3:30	**fél négy** *(félnédj)*	*halb 4*
3:15	**negyed négy** *(nedjed nédj)*	*viertel 4*
3:45	**háromnegyed négy** *(háromnedjed nédj)*	*dreiviertel 4*
3:25	**három óra huszonöt perc** *(három óra hußonöt perz)*	*drei Uhr 25 Minuten*

Zeitangaben

Tageszeiten

reggel	Morgen	**tegnap**	gestern
délben	Mittag	**ma**	heute
este *(eschte)*	Abend	**holnap**	morgen
éjjel	Nacht		
éjszaka *(éjßaka)*	Nacht		
3 nappal/héttel ezelőtt *(eselött)*		3 Tagen/ Wochen vor	
jövő héten/jövőre *(jöwő héten/jöwőre)*		nächste Woche/ nächstes Jahr	

Allgemeine Bezeichnungen

nap	Tag
hét	Woche
hónap	Monat
év *(éw)*	Jahr
dátum	Datum
tavasz *(tawaß)*	Frühling
nyár *(njár)*	Sommer
ősz *(őß)*	Herbst
tél	Winter

Wochentage

hétfő	Montag
kedd	Dienstag
szerda *(ßerda)*	Mittwoch
csütörtök *(tschütörtök)*	Donnerstag
péntek	Freitag
szombat *(ßombat)*	Samstag
vasárnap *(waschárnap)*	Sonntag

Zeitangaben

Monate

január	Januar
február	Februar
március *(márziusch)*	März
április *(áprilisch)*	April
május *(májusch)*	Mai
június *(júniusch)*	Juni
július *(júliusch)*	Juli
augusztus *(augußtusch)*	August
szeptember *(ßeptember)*	September
október	Oktober
november *(nowember)*	November
december *(dezember)*	Dezember

Mini-Knigge

Lange vor dem Beitritt Ungarns zur EU im Jahr 2004 haben sich die Ungarn, vor allem die Budapester, an Westeuropa orientiert. Sie verstehen sich als weltmännisch und erwarten, dass man das weiß. Rechnen Sie damit, dass viele Ungarn über Wirtschaft, Politik, Geschichte und Kultur in Europa und Übersee besser informiert sind als wir.

Das Preisniveau gleicht sich immer mehr dem westlichen an. Leider nicht die ungarischen Gehälter. Deswegen sollte man mit Preisvergleichen äußerst vorsichtig sein. Übrigens ist es nicht üblich, bei einer Essenseinladung getrennt zu zahlen. Man zahle für alle!

Verletzen Sie nicht den Stolz der Ungarn! Sie sind stolz auf ihr Volk, ihr Land, ihre Kultur, ihren Wein und auf Budapest.

Sehr viel Wert wird auf Höflichkeit gelegt, besonders gegenüber alten Leuten und Frauen.

Üben Sie sich in Geduld, denn die Ungarn sind oft unpünktlich. So fährt der Zug oft später ab, auch die Theatervorstellung kann sich um einiges verzögern.

Anreden & Begrüßen

Redet man einen Fremden auf der Straße an, sollte man die Höflichkeitsform benutzen.

Tessék mondani, hol van a Lánchíd?
tschschék mondani, hol wan a lánzhíd
bitte sagen, wo ist die Kettenbrücke
Sagen Sie bitte, wo die Kettenbrücke ist.

Ist es ein Jugendlicher, kann man ruhig sagen:

Légy szíves mutass egy diszkót a térképen.
lédj ßíwesch mutaschsch edj dißkót a térképen
sei herzlich zeige ein Disco der Stadtplan-auf
Bitte zeig mir eine Disco auf dem Stadtplan.

Die Ungarn benutzen untereinander das „Du" häufiger als das „Sie". Arbeitskollegen und gute Nachbarn reden sich meist mit dem Vornamen an, wobei an den Namen noch ein **-ka** oder **-ke** angehängt wird, was eine Koseform ist, z. B. **János** – **Jánoska** *(jánoschka)*. Wundern Sie sich nicht, wenn man auch Ihnen schnell das „Du" anbietet, das ist nichts Außergewöhnliches.

Jugendliche begrüßen und verabschieden sich mit **szia** *(ßija)* = Einzahl oder mit **sziasztok** *(ßijaßtok)* = Mehrzahl. Freunde und

Anreden & Begrüßen

gute Bekannte sagen bei Ankunft und Abschied bei einer Person **szervusz** *(ßerwuß)*, bei einer Gruppe **szervusztok** *(ßerwußtok)*.

Zu Frauen und alten Leuten sagt man immer:

kezét csókolom	**csókolom**	*abgekürzte Form*
kesitschókolom	*tschókolom*	
Hand-Ihre küsse-ich	*küsse-ich-Sie*	
Küss die Hand.	Küss die Hand.	

Das ist sehr praktisch, da man es zu jeder Tageszeit sagen kann.

Zu Männern kann man das Übliche sagen:

jó napot (kívánok)!	**jó éjszakát (kívánok)!**	
jó napot (kíwánok)	*jó éßjakát (kíwánok)*	
Guten Tag!	Gute Nacht!	*(wünsche ich)*

jó reggelt (kívánok)!	**jó estét (kívánok)!**	
jó reggelt (kíwánok)	*jó eschtét (kíwánok)*	
Guten Morgen!	Guten Abend!	*(wünsche ich)*

Freunde und Bekannte küssen sich bei der Begrüßung und beim Abschied auf die Wangen (Kuss wird nur angedeutet). Man sollte sich damit auch anfreunden, weil Hände schütteln als offiziell und sehr distanziert gilt.

hetvenhárom

Anreden & Begrüßen

Familiennamen

Familien- und Vornamen werden im Ungarischen andersherum als im Deutschen gesagt.

Nagy Péter vagyok.
nadj péter wadjok
Nagy Peter bin ich
Ich heiße Peter Nagy.

Will man sagen „Herr Nagy", heißt das **Nagy úr**. Redet man Frau Nagy an, braucht man die Nachsilbe **-né**. **-Né** ist eine Variante des Wortes **nő** (Frau). Sie heißt also **Nagyné**. Oder, wenn man den Vornamen des Mannes benutzt, ist sie dann **Nagy Péterné**. Wenn dagegen eine Frau unverheiratet ist, wird sie anders angesprochen:

Szabó asszony	**Kovács kisasszony**
ßabó aßßonj	*kowátsch kischaßßonj*
Schneider Frau	*Schmied Fräulein*
Frau Schneider	Fräulein Schmied

Redewendungen

Redewendungen

Hier finden Sie einige Ausdrücke und Wörter, die man täglich gebrauchen kann.

Zustimmung

rendben van
rendben wan
Ordnung-in ist
in Ordnung

világos
wilágosch
hell
klar

Verständigung

Nem tudok magyarul.
nem tudok madjarul
nicht kann-ich ungarisch
Ich spreche kein Ungarisch.

Nem értem.
nicht verstehe-ich
Ich verstehe nicht.

Mondd még egyszer.
mondd még edjßer
sag-du noch einmal
Sag es noch einmal.

Hogy mondják?
hodj mondják
wie sagen-sie
Wie sagt man?

Lassan beszélj.
laschschan beßélj
langsam sprich-du
Sprich langsam.

Redewendungen

Anderes

mindegy *(mindedj)*	egal
nem fontos *(nem fontosch)*	nicht wichtig
figyelem *(fidjelem)*	Achtung

Biztos?
bistosch
sicher
Stimmt das?

Mit akarsz?
mit akarß
was willst-du
Was willst du?

Van kedved?
wan kedwed
ist Lust-dein
Hast du Lust?

Fáradt vagyok.
fáradt wadjok
müde bin-ich
Ich bin müde.

Entschuldigungen

Bocsánatot kérek.
botschánatot kérek
Entschuldigung bitte-ich
Ich bitte um Entschuldigung.

Nem baj.
nicht Unglück
Macht nichts.

Glückwunsch & Beileid

gratulálok
gratulálok
gratuliere-ich
Ich gratuliere

sajnálom
schajnálom
bedaure-ich
Es tut mir Leid.

Redewendungen

Bitte & Danke

tessék? *(teschschék)*	(wie) bitte?	
tessék, itt van *(... itt wan)*	bitte, hier ist	
kérem szépen *(kérem ßépen)*	bitte schön	
köszönöm szépen *(kößönöm ßépen)*	danke schön	
kösz(i) *(kößi)*	danke	*(Abkürzung)*
szeretnék ... *(ßeretnék)*	ich möchte ...	

Schimpfen

Sollte man wirklich mal in eine Situation kommen, in der man seinem Ärger Luft machen muss oder man sich genervt fühlt, dann kann man folgende Ausdrücke benutzen, mit denen man nicht zu verletzend, aber trotzdem deutlich ist:

hülye *(hüje)*	blöd
bolond	verrückt
Haggy békén. *(hadjdj békén)*	Lass mich in Frieden.
Menj a francba.	Geh zum Teufel!

Für Notfälle

segítség *(schegitschég)*	Hilfe!
rendőrség *(rendőrschég)*	Polizei!
vigyázz! *(widjáss)*	Pass auf!

hetvenhét | 77

Unterwegs …

Trifft man unterwegs auf ein Zeichen mit der Aufschrift **Múzeumok,** gibt es was zu sehen:

Museen sind montags geschlossen. Schüler und Studenten zahlen meist ermäßigten Eintritt.

múzeum	Museum
műemlék	Denkmal

Ez milyen épület?
es mijen épület
dieses was-für-ein Gebäude
Was ist das für ein Gebäude?

Ki volt az építész/szobrász/művész/festő?
ki wolt as épitéß/ßobráß/műwéß/feschtő
Wer war der Architekt/Bildhauer/Künstler/Maler?

Ez meglepő/óriási/pompás/csodálatos.
es meglepő/óriáschi/pompásch/tschodálatosch
Das ist erstaunlich/gewaltig/großartig/wunderbar.

… in der Stadt

Csókolom, hol van a(z) …?
tschókolom hol wan as
küsse-ich, wo ist der/die/das …
Küss' die Hand, wo ist der/die/das …?

78 | hetvennyolc

Unterwegs ...

városközpont *(wároschköspont)*	Stadtzentrum
pályaudvar *(pájaudwar)*	Bahnhof
déli ...	Süd-
nyugati ... *(njugati)*	West-
keleti ...	Ost-
rendőrség *(rendőrschég)*	Polizeistation
... megálló	... Haltestelle
villamos ... *(willamosch)*	Straßenbahn ...
trolibusz ... *(trolibuß)*	Trollibus ...
busz ... *(buß)*	Autobus ...
hév ... *(héw)*	S-Bahn (grün) ...
... állomás *(állomásch)*	... Station
metró .../taxi ...	Metro .../Taxi ...
benzinkút *(bensinkút)*	Tankstelle
autószervíz *(autóßerwís)*	Werkstatt
... utca *(utza)*/**... tér**	... Straße/... Platz
repülőtér	Flugplatz
bank	Bank
kerület	Bezirk
egyetem *(edjetem)*	Universität
állatkert	Zoo
stadion *(schtadion)*	Stadion
Ecseri *(etscheri)*	Flohmarkt Budapest
uszoda/fürdő *(ußoda)*	Schwimmbad
jegyárusítás *(jedjáruschításch)*	Kartenvorverkauf
rom(ok)	Ruine(n)
országház *(orßághás)*	Parlament
vár *(wár)*	Burg, Festung
templom	Kirche
műemlék	Denkmal
múzeum *(múseum)*	Museum

Unterwegs ...

Szeretnék oda menni.
ßeretnék oda menni
lieben-würde-ich dorthin gehen
Ich möchte dorthin gehen/fahren.

Hogy jutok oda?
hodj jutok oda
Wie komme ich dorthin?

Das öffentliche Verkehsnetz in den Städten ist ganz gut. Autobusse sind blau, Trollibusse rot, Straßenbahnen gelb und Vorstadtzüge grün gestrichen. In Budapest gibt es zusätzlich noch die **Metro,** auch **földalatti** (= Untergrundbahn) genannt. Die Haltestellen sind mit einem **M** gekennzeichnet. Da der Verkehr auf den Budapester Straßen chaotisch ist und nicht selten die Straßen total verstopft sind, ist man mit der Metro viel schneller am Ziel. An den Metroendstationen kann man dann mit dem Bus oder der Vorstadtbahn weiterfahren.

végállomás *(wégállomásch)*	Endstation
HÉV *(chéw)*	Vorstadtbahn

An allen Metrostationen, in den **Trafik** (= Tabakladen) und an vielen Straßenbahnhaltestellen bekommt man Fahrkarten. Die Karten muss man dann im jeweiligen Verkehrsmittel oder am Metro-Eingang entwerten.

Unterwegs ...

Eine Monats- oder Wochenkarte für alle Verkehrsmittel zu kaufen lohnt sich schon, wenn man nur einige Tage in Budapest bleibt. Man braucht dazu ein Passbild und das Wort **bérlet** (= Zeitkarte).

... mit dem Flugzeug

Budapest Ferihegy 1 + 2 *(ferihedj)* sind die wichtigsten internationalen Flughäfen im Land. Es gibt keine Inlandflüge.

Szeretnék a repülőtérre menni.
ßeretnék a repülőtérre menni
lieben-würde-ich der Flughafen-zu fahren
Ich möchte zum Flughafen (fahren).

Mit dem Airport-Minibus wird man zum akzeptablen Festpreis zu jedem beliebigen Ziel in der Stadt gefahren.

Mikor megy a következő gép ...-ba?
mikor medj a köwetkeső gép ...-ba
wann geht die nächste Maschine ...-nach
Wann geht der nächste Flug nach ...?

érkezés *(érkesésch)*	Ankunft
indulás *(induläsch)*	Abflug

... mit Eisenbahn & Bus

Budapest hat drei Hauptbahnhöfe: **pályaudvar** *(pájaudwar)*, meist **p. u.** abgekürzt.

Nyugati *(njugati)*/**Déli**/**Keleti**
West-/Süd-/Ost-

Unterwegs ...

Auf dem Land heißen die Bahnhöfe **vasútállomás** *(waschútállomásch)* = Eisenbahnstation.

Hol van a(z) ...	Wo ist der/die/das ...?
... **pályaudvar?** *(pája udwar)*	... Bahnhof
... **ötödik vágány?** *(... wágánj)*	... Bahnsteig 5
... **jegypénztár?** *(jedjpénstár)*	... Fahrkartenschalter
... **csomagmegőrző?** *(tschomagmegőrső)*	... Gepäckaufbewahrung

Mikor megy a(z)... vonat Győrbe?
mikor medj as... wonat djőrbe
wann fährt der... Zug Győr-in?
Wann fährt der ... Zug nach Győr?

első *(elschő)*	erste
utolsó *(utolschó)*	letzte
következő *(köwetkeső)*	nächste

Mikor ér(kezik) a vonat Győrbe?
mikor érkesik a wonat djőrbe
wann ankommt der Zug Győr-in?
Wann kommt der Zug in Győr an?

A vonat késik.	**Szabad ez a hely?**
a wonat késchik	*ßabad es a hej*
der Zug verspätet-sich	*frei-ist dieser Platz*
Der Zug hat Verspätung.	Ist der Platz frei?

Unterwegs ...

Kérek egy jegyet Győrbe.
kérek edj jedjet djőrbe
bitte-ich eine Karte Győr-in
Ich möchte eine Karte nach Győr.

A VÁGÁNYOKHOZ
a wágánjokhos
die Bahnsteige-zu
zu den Bahnsteigen

...- (b) en szeretnék leszállni.
...- ben ßeretnék leßálli
...- in lieben-würde-ich aussteigen
Ich möchte in ... aussteigen.

Szól nekem?
ßól nekem
sagen-Sie mir
Sagen Sie mir Bescheid?

repülő (gép)	Flugzeug
repülőjegy *(repülőjedj)*	Flugticket
hajó	Schiff
komp	Fähre
motorbicikli *(motorbizikli)*	Motorrad
bicikli *(bizikli)*	Fahrrad
bérlet	Monatskarte
autó	Auto
vonat *(wonat)*	Zug
busz *(buß)*	Bus
villamos *(willamosch)*	Straßenbahn
oda-vissza *(oda-wißßa)*	hin und zurück

Unterwegs ...

menetjegy (menetjedj)	Fahrkarte
beszáll (beßáll)	einsteigen
leszáll (leßáll)	aussteigen
pénztár (penstár)	Schalter, Kasse
retúr	Hin- und Rückfahrt
érkezés (érkesésch)	Ankunft
indulás (indulásch)	Abfahrt
vágány (wágánj)	Bahnsteig (Gleis)

Mit Bus oder Eisenbahn kann man das ganze Land bereisen. Besonders gute Zugverbindungen gibt es von **Budapest** zum **Balaton** (= Plattensee) und zu anderen Großstädten.

DOHÁNYZÓ
dohánjsó
Raucher

TILOS A DOHÁNYZÁS
tilosch a dohánjsásch
Nichtraucher

Hova megy ez a busz?
howa medj es a buß
wohin fährt dieser der Bus
Wohin fährt der Bus?

Hol lehet jegyet venni?
hol lehet jedjet wenni
wo können Fahrschein kaufen
Wo kann man einen Fahrschein lösen?

Mikor indul a busz?
mikor indul a buß
wann fährt-los der Bus
Wann fährt der Bus los?

Unterwegs ...

🔊 Melyik megállónál kell leszállnom?
mejik megállónál kell leßállnom
welche Station-bei muss aussteigen-ich
Welche Station muss ich aussteigen?

🔊 Mennyi a menetidő?
menjnji a menetidő
wie-viel die Fahrtzeit
Wie lange dauert die Fahrt?

Balaton	Plattensee
puszta *(pußta)*	Puszta
falu	Dorf
kisváros *(kischwárosch)*	Kleinstadt
utca *(utza)*	kleine Straße
út	Weg, Straße
országút *(orgáßgút)*	Landstraße
Alföld	Tiefebene
víz *(wís)*	Wasser
patak/folyó *(fojó)*	Bach/Fluss
tó	See
mező *(mesző)*	Feld
kukorica *(kukoriza)*	Mais
búza *(búsa)*	Weizen
napraforgó	Sonnenblume
gémeskút *(gémeschkút)*	Ziehbrunnen
növény *(nöwénj)*	Pflanze
virág *(wirág)*	Blume
fa	Baum, Holz
tanya *(tanja)*	Bauernhof
hegy *(hedj)*	Berg
szőlőhegy *(ßőlőhedj)*	Weinberg
forrás *(forrásch)*	Quelle

nyolcvanöt

Unterwegs …

híd	Brücke
nap/árnyék *(árnjék)*	Sonne/Schatten
lakik	wohnen
fürdik/úszik *(úßik)*	baden/schwimmen
nyitva *(njitwa)*	geöffnet
zárva *(sárwa)*	geschlossen
uszoda *(ußoda)*	Schwimmbad
irány *(iránj)*	Richtung
távolság *(táwolschág)*	Entfernung
belépőjegy *(belépőjedj)*	Eintrittskarte
városnéző körút *(wároschnéső)*	Stadtrundfahrt
sétakocsikázás *(schétakotschikásásch)*	Kutschfahrt

… mit dem Auto

Ist man mit einem Auto oder Motorrad unterwegs und hat eine Panne, findet man Reparaturwerkstätten im ganzen Land. Außerdem unterhält der ungarische Automobilclub einen Pannendienst auf den Hauptverkehrsstraßen. An den Tankstellen wird die Oktanzahl der verschiedenen Benzinsorten angegeben: **normál** (92), **szuper** (95) und **extra** (98). Bleifrei heißt **ólommentes** *(ólommentesch)*. Nachts sollte man besonders vorsichtig fahren, da viele unbeleuchtete Pferdekutschen auf den Straßen unterwegs sind.

Die Raststätten an den Hauptverkehrsstraßen heißen **pihenőhely** *(pihenőhej)*. Übrigens: Es herrscht totales Alkoholverbot für Autofahrer!

Unterwegs ...

- **Kilencvennyolcasat kérek.**
  kilenzwennjolzaschat kérek
  98-erbitte-ich
  Ich möchte Extra.

  Tele kérem.
  tele kérem
  voll bitte-ich
  Bitte volltanken.

- **Elromlott az autóm.**
  elromlott as autóm
  kaputt gegangen mein Auto
  Mein Auto ist kaputt.

  Kell nekem...
  kell nekem
  müssen mir ...
  Ich brauche ...

- **Az autó olyan furcsán zörög.**
  as autó ojan furtschán sörög
  das Auto so komisch klirrt
  Das Auto macht komische Geräusche.

- **Felforr a hűtőváz.**
  felforr a hűtőwís
  kocht das Kühlwasser
  Der Wagen wird heiß.

  Nem húz a motor.
  nem hús a motor
  nicht zieht der Motor
  Der Motor zieht nicht.

- **Tudja megjavítani a kocsimat?**
  tudja megjawítani a kotschimat
  können-Sie reparieren den Wagen-mein
  Können Sie meinen Wagen reparieren?

- **Mennyi ideig tart a javítás?**
  menjnji idejig tart a jawításch
  wie-viel Zeit-bis dauert die Reparatur
  Wie lange dauert die Reparatur?

- **Kérem vontassák el az autómat!**
  kérem wontaschschák el as autómat
  bitte schleppen-Sie ab das Auto-mein
  Bitte schleppen Sie mein Auto ab!

Unterwegs ...

A kocsim a(z) ... áll.
a kotschim as... áll
mein Wagen ...-in steht
Mein Wagen steht in ...

szomszéd faluban *(ßomßéd)*	im Nachbardorf
5. kerületben	im 5. Bezirk
X. Y. utcában *(utzában)*	in der X. Y. Straße

kocsi, autó *(kotschi)*	Wagen, Auto
motorbicikli *(motorbizikli)*	Motorrad
teherautó	LKW
benzinkút *(bensinkút)*	Tankstelle
szervíz *(ßerwís)*	Werkstatt
benzin *(bensin)*	Benzin
disel-olaj/motorolaj	Dieselöl/Motoröl
nyomás *(njomásch)*	Druck
légnyomás *(légnjomásch)*	Reifenluftdruck
hűtővíz *(hűtőwís)*	Kühlwasser
pótalkatrész *(pótalkatréß)*	Ersatzteil
akku	Batterie
indító	Anlasser
gyújtógyertya *(djújtódjertja)*	Zündkerze
hűtő	Kühler
karburátor	Vergaser
motor/hajtómű	Motor/Getriebe
tengely *(tengej)*	Achse
lökhárító	Stoßdämpfer
ajtó	Tür
fényszóró *(fénjßóró)*	Scheinwerfer
kormánykerék *(kormánjkérek)*	Lenkrad
ülés *(ülésch)*	Sitz

Unterwegs …

kipuffogó	Auspuff
fék	Bremsen
szelep *(ßelep)*	Ventil
hegeszt *(hegeßt)*	schweißen
megjavít *(megjawít)*	reparieren
beállit	einstellen
kerék/gumi	Rad/Reifen
tömlő	Schlauch
levegő *(lewegő)*	Luft
víz *(wís)*	Wasser
hibás *(hibásch)*	defekt
dinamó	Lichtmaschine
elosztó *(eloßtó)*	Verteiler
megszakító *(megßakító)*	Unterbrecher
hajtótengely *(hajtótengej)*	Antriebswelle
tank	Tank
szélvédő *(ßélwédő)*	Windschutzscheibe
kölcsönad *(költschönad)*	ausleihen
szerszám *(ßerßám)*	Werkzeug
elvontat *(elwontat)*	abschleppen
jármű	Fahrzeug
kalapács *(kalapátsch)*	Hammer
csavarhúzó *(tschawarhúsó)*	Schraubenzieher
csavarkulcs *(tschawarkultsch)*	Schraubenschlüssel
csavar *(tschawar)*	Schraube
anya *(anja)*	Mutter
fogó	Zange
kocsiemelő *(kotschiemelő)*	Wagenheber
pumpa	Luftpumpe
defekt	Panne
vontatókötél *(wontatókötél)*	Abschleppseil

Unterwegs ...

Autobahnen sind grün beschildert, Hauptstraßen blau, kleine Straßen auf dem Land weiß mit schwarzer Schrift.

Es gelten die gleichen Verkehrsregeln wie in Deutschland, Österreich und der Schweiz. Nur die Höchstgeschwindigkeiten sind anders: Autobahn 130 km/h, Ortschaften 50 km/h, sonst 90 km/h.

Außerhalb der Ortschaften muss man mit eingeschaltetem Licht fahren.

Essen & Trinken

Essen & Trinken

Was die Ungarn essen, weiß bei uns jeder: Paprika und Gulasch. In Wahrheit ist die ungarische Küche viel abwechslungsreicher. Aber wenn eine ungarische Köchin die Möglichkeit sieht, Schmalz, Zwiebeln und Paprika ins Essen zu geben, wird sie es auch tun. Sollte es Ihnen mal zu scharf sein, essen Sie schnell Brot hinterher.

In Ungarn wird gern und viel gegessen. Sollten Sie also von einer Familie zum Essen eingeladen werden, essen Sie vorher nichts, denn Ihre Gastgeber werden Sie füllen wie eine Taube. Hier erst einmal die Nationalspeisen:

paprikás csirke *(paprikásch tschirke)*	Paprikahuhn
gulyásleves *(gujáschlewesch)*	Gulaschsuppe
pörkölt *(pörkölt)*	deutsches Gulasch
halászlé *(haláßlé)*	Fischsuppe
tökfőzelék *(tökfőselék)*	Kürbisgemüse
lecsó *(letschó)*	Paprika Gericht
rakott káposzta *(rakott kápoßta)*	Sauerkraut
palacsinta *(palatschinta)*	Eierkuchen mit Füllung
rétes *(rétesch)*	Strudel

Übrigens ist das ungarische Gulasch eine Suppe. Unser deutsches Gulasch gibt es auch. Es heißt **pörkölt.**

kilencvenegy | 91

Essen & Trinken

Die Ungarn essen zu jeder Mahlzeit Brot. Die hier aufgezählten Gerichte sind bei weitem nicht alle, dafür aber im ganzen Land verbreitet.

reggeli	Frühstück
ebéd	Mittagessen
vacsora *(watschora)*	Abendessen
pincér *(pinzér)*	Kellner
tányér *(tánjér)*	Teller
csésze *(tschéße)*	Tasse
kés *(késch)*	Messer
villa *(willa)*	Gabel
kanál	Löffel
pohár	Glas
éhség *(éhschég)*	Hunger
szomjúság *(ßomjúság)*	Durst
étel	Gericht
adag	Portion
szelet *(ßelet)*	Scheibe, Stück *(Torte)*
ital	Getränk
inni	trinken
enni	essen
étlap	Speisekarte
sós *(schósch)*	salzig
finom	lecker
nagyon finom *(nadjon finom)*	sehr lecker
csípős *(tschípősch)*	scharf
túl erős *(túl erősch)*	zu scharf
édes *(édesch)*	süß
savanyú *(schawanjú)*	sauer
keserű *(kescherű)*	bitter
nyers *(njersch)*	roh
sült *(schült)*	gebraten
főtt	gekocht

Essen & Trinken

Getränke

Das Nationalgetränk der Ungarn ist der Wein (**bor**), den viele täglich zum Essen trinken, oft mit Mineralwasser verdünnt, was dann **fröccs** *(frötsch)* genannt wird. Es gibt neben dem **tokaji** (Tokajer) eine Vielzahl von trockenen und süßen Weinen in jeder Preisklasse.

száraz *(ßáras)*	trocken
félszáraz *(félßáras)*	halbtrocken
félédes *(félédesch)*	halbsüß
édes *(édesch)*	süß
asztali bor *(aßtali bor)*	Tafelwein
minőségi bor *(minőschégi bor)*	Qualitätswein

Die kleinste Menge Wein, die man bestellen kann, ist **egy deci** *(edj dezi)*, d. h. 100 Milliliter.

Der Kaffee – von den Türken übernommen und von den Italienern mit ihrem Espresso-Verfahren modernisiert – ist in Ungarn zu einem Volksgetränk geworden. Kaum ein Ungar kommt ohne 5-6 Tassen täglich aus.

Übrigens gibt es viele Witze über den großen Wasserverbrauch der Deutschen beim Kaffeekochen.

ital	Getränk
víz *(wís)*	Wasser
bor/fehérbor/	Wein/Weißwein/
vörösbor *(wöröschbor)*	Rotwein
pezsgő *(peshgő)*	Sekt, Champagner
sör *(schör)*	Bier
szóda(víz) *(ßódawís)*	Selters

kilencvenhárom | **93**

Essen & Trinken

ásványvíz *(áschwánjwís)*	Mineralwasser
almalé	Apfelsaft
gyümölcslé *(djümöltschlé)*	Saft
tej/tea *(teja)*/**kávé** *(káwé)*	Milch/Tee/Kaffee
presszó *(preßßó)*/	Espresso/
dupla	doppelter Espresso
pálinka	Schnaps
tömény (ital) *(töménj)*	Spirituosen
üdítő (ital)	Erfrischungsgetränk

Lebensmittel

Süßspeisen	
süteménny *(schüteménj)*	Kuchen
torta	Torte
egy szelet ... *(edj ßelet)*	ein Stück (Torte)
keksz *(kekß)*	Keks
csokoládé *(tschokoládé)*	Schokolade
bonbon/fagylalt *(fadjlalt)*	Bonbon/Eis
jégkrém	Parfait
gesztenyepüré *(geßtenjepüré)*	Kastanienpüree
minyon *(minjon)*	Törtchen

Gewürze	
fűszer *(füßer)*	Gewürz
só *(schó)*	Salz
bors *(borsch)*	Pfeffer
paprika	Paprika
édes paprika *(édesch paprika)*	Rosenpaprika (nicht scharf)

Essen & Trinken

csipős paprika *(tschipősch)*	scharfer Paprika
fokhagyma *(fokhadjma)*	Knoblauch
cukor *(zukor)*	Zucker
kapor	Dill

Grundnahrungsmittel	
kenyér *(kenjér)*	Brot
rizs *(rish)*	Reis
tészta *(téßta)*	Nudeln
nokedli	Nockerln
kukorica *(kukoriza)*	Mais
tojás *(tojásch)*	Ei
sajt *(schajt)*	Käse
vaj *(waj)*	Butter
krumpli	Kartoffeln

Gemüse	
zöldség *(söldschég)*	Gemüse (roh)
főzelék *(főselék)*	Gemüse (gekocht)
paradicsom *(paraditschom)*	Tomate
tök	Kürbis
paprika	Paprikaschote
sárgarépa *(schárgarépa)*	Karotte
hagyma *(hadjma)*	Zwiebel
bab	Bohne
saláta *(schaláta)*	Salat
spenót *(schpenót)*	Spinat
káposzta *(kápoßta)*	Kohl, Kraut
gomba	Pilz
uborka	Gurke

Essen & Trinken

Früchte	
gyümölcs *(djümöltsch)*	Frucht, Obst
cseresznye *(tschereßnje)*	süße Kirsche
meggy *(meddj)*	Sauerkirsche
málna	Himbeere
sárgabarack *(schárgabarazk)*	Aprikose
őszibarack *(őßibarazk)*	Pfirsich
szőlő *(ßőlő)*	Weintraube
körte	Birne
alma	Apfel
citrom *(zitrom)*	Zitrone
szilva *(ßilwa)*	Pflaume
dinnye *(dinnje)*	Melone
eper	Erdbeere

Fleisch	
marhahús *(marhahúsch)*	Rindfleisch
disznóhús *(dißnóhúsch)*	Schweinefleisch
borjúhús *(borjuhúsch)*	Kalbfleisch
csirke *(tschirke)*	Huhn
liba/libamáj	Gans/Gänseleber
hal	Fisch
baromfi	Geflügel
paniert **rántott hús** *(rántotthúsch)*	Schnitzel
felvágott *(felwágott)*	Aufschnitt (Wurst)
virsli *(wirschli)*	Wiener Würstchen
sonka *(schonka)*	Schinken
hús *(húsch)*	Fleisch
hentesáru *(hentescháru)*	Fleischwaren
kolbász *(kolbáß)*	(Dauer-)Wurst, dünn
szalámi *(ßalámi)*	Salami

Essen & Trinken

Für Zwischendurch

Auf der Straße wird neben Hot-Dog und Hamburgern auch **lángos** *(lángosch)* (= in Öl gebratener Teig) und **kukorica** *(kukoriza)* (= gedämpfter Mais) angeboten. Außerdem gibt es viele Gelegenheiten, wo man schnell eine Kleinigkeit essen kann:

bisztró *(bißtró)*/**büfé**	Bistro/Buffet
tejbár	Milchbar
eszpresszó *(eßpreßßó)*	Kaffeehaus
cukrászda *(zukráßda)*	Konditorei

Egy ilyet kérek.
edj ijet kérek
ein solches bitte-ich
Geben Sie mir bitte eins davon.

Restaurants

Wenn man richtig speisen will, hat man verschiedene Möglichkeiten:

csárda *(tschárda)*	ist ein volkstümliches Wirtshaus, steht oft an Landstraßen
halászcsárda *(haláßtschárda)*	Fischgaststätte
vendéglő *(wendéglő)*	Gasthof, abends oft mit Zigeunermusik
étterem	Restaurant, oft ein bisschen teuer

Essen & Trinken

pince (pinze)	Keller, wo oft Zigeunermusik gespielt wird
borozó (borosó)	Weinstube mit großem Angebot
söröző (schöröső)	Bierstube
italbolt	vom Volk **kocsma** (kotschma) genannt = Kneipe
kifőzde (kifősde)	kleiner privater Mittagstisch, Gerichte nach Hausfrauen-Art
mulató	Nachtlokal

In Ungarn ist es üblich, dem Kellner Trinkgeld zu geben. Geht eine ungarische Familie in ein Restaurant, bekommt der Kellner 5-10 % des Preises, wenn sie mit ihm zufrieden ist.

Szabad helyet foglalni?
ßabad hejet foglalni
dürfen Platz nehmen
Darf man Platz nehmen?

Kérek egy étlapot!
kérek edj étlapot
bitte-ich eine Speisekarte
Ich bitte um eine Speisekarte!

Ez finom/nagyon jó/erős/rossz.
es finom/nadjon jó/erösch/roßß
das fein/sehr gut/scharf/schlecht
Das schmeckt gut/sehr gut/scharf/schlecht.

Essen & Trinken

Szeretnék valami finomat enni/inni.
ßeretnék walami finomat enni/inni
lieben-würde-ich etwas Fein essen/trinken
Ich möchte etwas Feines essen/trinken.

Mit lehet enni?
was können essen
Was gibt es zu essen?

Van pörkölt nokedlival?
wan pörkölt nokedliwal
gibt-es Gulasch Nockerln-mit
Gibt es Gulasch mit Nockerln?

Van marhahús?
wan marhahúsch
Gibt es Rindfleisch?

Igen, van.	**Nincs, de van hal.**
igen, wan	*nintsch, de wan hal*
Ja, gibt es.	Nein, aber es gibt Fisch.

Kérek egy levest és egy szelet tortát.
kérek edj lewescht ésch edj ßelet tortát
bitte-ich eine Suppe und eine Scheibe Torte
Ich nehme eine Suppe und ein Stück Torte.

Szeretnék egy adag tökfőzeléket.
ßeretnék edj adag tökföseléket
lieben-würde-ich eine Portion Kürbisgemüse
Ich möchte eine Portion Kürbisgemüse.

kilencvenkilenc | **99**

Essen & Trinken

Zum Essen eingeladen sein

Wird man eingeladen, dann meistens nach Hause, und was zu essen gibt es bestimmt. Es ist üblich, der Hausfrau oder dem Gastgeber eine Aufmerksamkeit wie Blumen oder etwas Süßes mitzubringen. Wein lieber nicht, das kann ins Auge gehen, weil viele Ungarn eigenen Wein haben, den sie mit Stolz anbieten wollen.

Da die Ungarn gern essen, sollte man bei Tisch nicht unbedingt Probleme ansprechen und ihnen damit das Essen verderben (das kann später kommen). Angesagt sind Witze und Nettigkeiten, hier kann man die gelernten Adjektive ausprobieren.

Essen & Trinken

Vergessen Sie bloß nicht, das Essen mehrmals zu loben!

Als Gast wird Ihnen immer zuerst das Essen gereicht. Sie sollten wissen, dass dem Gast die besten Speisen, die im Haus sind, angeboten werden, selbst wenn hinterher eine Woche lang Schmalzbrot gegessen werden muss.

Kein Ungar lässt sich entgehen, mit Ihnen auf Ihr Wohl anzustoßen:

egészségedre!
egéßschégedre
Gesundheit-dein-auf
Auf dein Wohl!

Bitte unbedingt auf der ersten Silbe betonen! Tut man das nicht und betont in der Mitte, hört es sich wie zwei Wörter an und heißt:

egész-segg-ed-re
ganz Arsch dein auf
auf deinen ganzen Arsch

Andere wichtige Redewendungen sind noch:

jó étvágyat *(jó étvádjat)*	guten Appetit
tele vagyok *(tele wadjok)*	ich bin voll/satt

Nagyon köszönöm az ebédet/vacsorát.
nadjon kößönöm as ebédet/watschorát
sehr danke-ich das Mittagessen/Abendessen
Vielen Dank für das Mittagessen/Abendessen.

In der Familie zu Gast sein

In der Familie zu Gast sein

Die Ungarn haben gern Gäste. Ist man im Landesinnern unterwegs, kann es einem passieren, spontan eingeladen zu werden.

Német vagy? **Igen.**
német wadj *edj pizit*
Bist du Deutsche(r)? Ja.

Beszélsz magyarul? **Egy picit.**
beßélß madjarul *edj pizit*
Sprichst du Ungarisch? Ein bisschen.

Honnan jössz? **Münchenből jövök.**
honnan jößß *münchenből jöwök*
Woher kommst du? Aus München komme ich.

Hogy hívnak? **X. Y. -nak hívnak.**
hodj híwnak *... híwnak*
wie nennen-sie *x. y.-dem nennen-sie*
Wie heißt du? X. Y. heiße ich.

Hova mész?
howa méß
Wohin gehst/fährst du?

Budapestre megyek.
budapeschtre medjek
Ich gehe/fahre nach Budapest.

In der Familie zu Gast sein

Tetszik Magyarország?
tetßik madjarorßág
gefällt Ungarn
Gefällt dir/Ihnen Ungarn?

Igen, nagyon.
igen, nadjon
ja, sehr
Ja, sehr gut.

Gyere be, igyunk valamit!
djere be, idjunk walamit
Komm rein, trinken wir was!

Jó, jövök.
jó, jöwök
Gut, ich komme.

Kérsz enni?
kérß enni
bittest-du essen
Möchtest du essen?

Köszönöm, igen.
kößönöm igen
danke, ja
Ja, gern.

Köszönöm, nem.
kößönöm nem
danke, nein
Nein, danke.

Familienmitglieder

férfi/férj	Mann/Ehemann
nő, asszony *(aßßonj)*	Frau
feleség *(feleschég)*	Ehefrau
gyerek *(djerek)*	Kind
anya *(anja)***/apa**	Mutter/Vater
nagymama *(nadjmama)*	Oma
nagypapa *(nadjpapa)*	Opa
nagybácsi *(nadjbátschi)*	Onkel
nagynéni *(nadjnéni)*	Tante
fiú/lány *(lánj)*	Junge/Mädchen
báty *(bátj)*	großer Bruder
öccs *(ötschtsch)*	kleiner Bruder
nővér *(nőwér)*	große Schwester
húg	kleine Schwester
férjhez megy *(férjhes medj)*	Frau heiratet Mann
megnősül *(megnőschül)*	Mann heiratet Frau

százhárom

In der Familie zu Gast sein

Sollten Sie länger in einer Familie bleiben, bemühen Sie sich, nicht zur Last zu fallen. Bieten Sie im Haus oder auf dem Hof Ihre Hilfe an.

Szabad segíteni? **Szabad ezt megnézni?**
ßabad schegíteni *ßabad est megnésni*
dürfen helfen *dürfen dies anschauen*
Darf man helfen? Darf man das anschauen?

Mit csinálsz egész nap?
mit tschinálß egéß nap
was machst-du ganz Tag
Was machst du den ganzen Tag?

Szabad nekem is jönni?
ßabad nekem isch jönni
dürfen mir auch kommen
Darf ich auch mitkommen?

Ez nehéz munka. **Ez könnyű munka.**
es ne hés munka *es könnjü munka*
dies schwer Arbeit *dies leicht Arbeit*
Das ist schwere Arbeit. Das ist leichte Arbeit.

Milyen állataid vannak az istállóban?
mijen állatajid wannak as ischtállóban
welche Tiere-dein sind der Stall-in
Welche Tiere hast du im Stall?

Van a közelben esküvő vagy más ünnep?
wan a köselben eschküwő wadj másch ünnep
ist die Nähe-in Hochzeit oder anderes Fest
Ist in der Nähe eine Hochzeit oder ein anderes Fest?

In der Familie zu Gast sein

Kíváncsi vagyok.
kíwántschi wadjok
neugierig bin-ich
Ich bin neugierig.

Mutasd hogy kell csinálni!
mutaschd hodj kell tschinálni
zeig wie müssen machen
Zeig mir, wie man das machen muss!

Milyen idő lesz holnap?
mijen idő leß holnap
was-für Wetter wird morgen
Was für Wetter wird morgen sein?

Rund um den Bauernhof

ház *(hás)*	Haus
udvar *(udwar)*	Hof
kert	Garten
istálló *(ischtálló)*	Stall
csűr *(tschűr)*	Scheune
konyha *(konjcha)*	Küche
főz *(főß)*	kochen
szoba *(ßoba)*	Zimmer
hálószoba	Schlafzimmer

ünnep	Fest
esküvő *(eschküwő)*	Hochzeit
tánc *(tánz)*	Tanz
zene *(sene)*	Musik
munka	Arbeit

In der Familie zu Gast sein

dolgozik *(dolgosik)*	arbeiten
a földeken	auf den Feldern
tüzet rak *(tüset rak)*	Feuer machen
nehéz *(nechés)*	anstrengend
fej	melken
elkészít *(elkéßít)*	zubereiten
zenél *(senél)*	musizieren
lovagol *(lowagol)*	reiten
szed *(ßed)*	pflücken

Tiere

állat	Tier
ló	Pferd
liba	Gans
csirke *(tschirke)*	Huhn
kacsa *(katscha)*	Ente
disznó *(dißnó)*	Schwein
tehén *(techén)*	Kuh
kutya *(kutja)*	Hund
macska *(matschka)*	Katze
bárány *(báránj)*	Schaf
kecske *(ketschke)*	Ziege
légy *(lédj)*	Fliege
szúnyog *(ßúnjog)*	Mücke
hal	Fisch
egér	Maus

Übernachten

Übernachten

In Ungarn gibt es viele Hotels in allen Preisklassen. Falls sie ausgebucht sein sollten, kann man sich im Reisebüro auf jeden Fall eine Privatpension besorgen. Jugendherbergen und Campingplätze gibt es im ganzen Land. Es ist nicht gesagt, dass ein Campingplatz billiger ist als eine Privatunterkunft. Fragen lohnt sich hier! In den Hotels spricht man je nach Preisklasse sehr gut oder etwas Deutsch.

Im Reisebüro

Van kiadó szobájuk két személyre?
van kiadó ßobájuk két ßeméjre
gibt-es freies Zimmer zwei Personen-für
Haben Sie ein freies Zimmer für 2 Personen?

Mennyibe kerül egy éjszakára?/egy hétre?
menjnjibe kerül edj éjßakára/edj hétre
wie-viel kostet eine Nacht-für/eine Woche-für
Wie viel kostet es pro Nacht?/pro Woche?

Van zuhany/reggeli?
wan suhanj/reggeli?
Gibt es eine Dusche/Frühstück?

Übernachten

Meddig marad(nak)?
Wie lange bleiben Sie?

Két napig/hétig.
Zwei Tage/Wochen.

Privatpension

Reisebüro **Az IBUSZ*-tól jövünk.**
as ibußtól jöwünk
das IBUSZ-von kommen-wir
Wir kommen vom IBUSZ.

Szabad megnézni a szobát?
ßabad mengésni a ßobát
dürfen angucken das Zimmer
Darf ich das Zimmer sehen?

Nagyon tetszik. Kiveszem.   **Hol a fürdőszoba?**
nadjon tetßik, kiweßem   *hol a fürdőßoba*
sehr gefällt-es, miete-ich-es   wo das Badezimmer
Sehr gut. Ich miete es.   Wo ist das Bad?

Kérem adjon egy kulcsot!
kérem adjon edj kultschot
Bitte geben Sie (mir/uns) einen Schlüssel!

Két napig/hétig maradunk itt.
2 Tage/Wochen bleiben wir hier.

Übernachten

Lehet kapni egy …?
lehet kapni edj
können bekommen ein(e) …
Kann man ein(e) … haben?

Man kann auch immer mit dem Finger auf das zeigen, was man möchte und sagen:

Holnap/Délben elutazunk.
holnap/délben elutasunk
Morgen/Mittag reisen wir ab.

Camping

Van hely egy sátornak és egy autónak?
wan hej edj schátornak ésch edj autónak
ist Platz ein Zelt-für und ein Auto-für
Gibt es hier einen Platz für Zelt und Auto?

Lehet kisházat bérelni?
lehet kischhásat bérelni
können klein-Haus mieten
Kann man Hütten mieten?

Hol vannak a WC-k/mosdók?
hol wannak a wézék/moschdók
Wo sind die Toiletten/Waschräume?

szálloda, hotel *(ßálloda)*	Hotel
kiadó szoba *(… ßoba)*	(Privat-)Pension
camping *(kemping)*	Camping
szoba *(ßoba)*	Zimmer
ágy *(ádj)*	Bett

Übernachten

ágynemű *(ádjnemű)*	Bettwäsche
hiányzik *(hiánjsik)*	es fehlt
zuhany *(suchanj)*	Dusche
ablak	Fenster
hideg víz	Kaltwasser
meleg víz *(... wís)*	Warmwasser
reggeli	Frühstück
sátor *(schátor)*	Zelt
faház *(fachás)*	Holzhütte
bérel	mieten
szappan *(ßappan)*	Seife
takaró	Decke
törülköző *(törülköső)*	Handtuch
vécépapír *(wézépapír)*	Toilettenpapier

Toiletten

Hol a WC? **Nem találok WC-papírt.**
hol a wézé *nem talélok wézépapírt*
wo das WC nicht finde-ich Toilettenpapier
Wo ist das WC? Ich finde kein Toilettenpapier.

Szeretnék kezet mosni.
ßeretnék keset moschni
lieben-würde-ich Hand waschen
Ich möchte mir die Hände waschen.

Ein anderes Wort für Toilette ist:
mosdó *(moschdó)* = Waschraum

FÉRFI	Männer	**NŐI**	Frauen

Einkaufen

Einkaufen

Die Geschäfte in Budapest haben ziemlich große Preisunterschiede. Man bekommt alles billiger, wenn man sich von den Touristenzentren etwas entfernt. Die typischen Boutiquen in den Hinterhöfen haben beim Preis oftmals einen Spielraum. Was aber nicht heißen soll, dass man wie im Orient feilschen kann. Supermärkte heißen **ABC**. Auf den Bauernmärkten bekommt man am günstigsten frisches Obst und Gemüse.

Das Warenangebot ist gut, die kleineren Läden auf dem Land bieten natürlich nur eine kleinere Auswahl an.

Noch etwas: Es gibt einige Geschäfte (z. B. **Jégbüfé** in der Budapester Innenstadt), in denen es keinen Einkaufskorb oder Wagen gibt und eine Kassiererin separat im Raum an der Kasse sitzt. In diesen Geschäften geht man zuerst zur Kasse, sagt, was man kaufen möchte, und bezahlt. Dann geht man mit dem Bon zum Ladentisch, wo man das Gewünschte bekommt.

Alkohol kann man am Morgen erst nach 9 Uhr kaufen.

közért (kösért)	Lebensmittelgeschäft
zöldért (söldért)	Obst- und Gemüsegeschäft
ofotért	Fotogeschäft usw.

Einkaufen

An der Eingangstür steht:

tolni	drücken
húzni *(húsni)*	ziehen
zárva *(sárwa)*	geschlossen
nyitva *(njitwa)*	geöffnet

Geschäfte

bolt, **üzlet** *(üslet)*	Laden, Geschäft
csemege *(tschemege)*	Lebensmittel
hús *(húsch)* / **hentesáru** *(hentescháru)*	Fleischwaren
pék, **kenyérbolt** *(kenjérbolt)*	Bäcker
könyvesbolt *(könjweschbolt)*	Buchladen
trafik, **dohány** *(doháànj)*	Tabak, Kleinkram
háztartásibolt *(hástartáschibolt)*	Haushaltswaren
népművészet *(népműwéßet)*	Volkskunst
utasellátó *(utaschellátó)*	Bahnhofskiosk
piac *(piaz)*	Markt
röltex	Kurzwaren
keravill *(kerawill)*	Elektroartikel
vegyesbolt *(wedjeschbolt)*	Laden im Dorf
csarnok *(tscharnok)*	Markthalle in Budapest

Szabad körülnézni?
ßabad körülnésni
dürfen sich-umsehen
Darf man sich umsehen?

Einkaufen

Mit parancsol?
mit parantschol
was befehlen-Sie
Womit kann ich Ihnen dienen?

Valami kolbászfélét kérek.
walami kolbászfélét kérek
etwas wurstartiges möchte-ich
Ich möchte irgendwelche Wurst.

Ez finom és nem drága.
es finom ésch nem drága
das fein und nicht teuer
Das schmeckt gut und ist nicht teuer.

Mennyit tetszik kérni?
mennjit tetßik kérni
wie-viel gefällt-es-Ihnen bitten
Wie viel möchten Sie?

Tíz deka kolbászt és fél kiló kenyeret.
tís deka kolbáßt ésch fél kiló kenjeret
10 Deka Wurst und halb Kilo Brot
100 Gramm Wurst und ein Pfund Brot.

Mennyibe kerül? **Köszönöm, ez minden.**
mennjibe kerül *kößönöm, es minden*
wie-viel-in kostet *danke dies alles*
Was kostet das? Danke, ich habe alles.

Szabad még valamit adni? Viszontlátásra!
ßabad még walamit adni *wißontlátáschra*
dürfen noch etwas geben *Wiedersehen-auf*
Darf ich noch was geben? Auf Wiedersehen!

száztízenhárom | **113**

Einkaufen

Auf dem Markt

Bauernmärkte mit Obst und Gemüse findet man im ganzen Land. Die Bauern lassen Sie auch gerne kosten. Wenn man dann doch nichts kauft, sollte man ein Lob als Dankeschön nicht vergessen!

Szabad megkóstolni?
ßabad megkóschtolni
Darf man kosten?

Természetesen!
termééßeteschen
Natürlich!

Mennyibe kerül egy darab/egy kiló?
menjnjibe kerül edj darab/edj kiló
wie-viel-in kostet ein Stück/ein Kilo
Was kostet ein Stück/ein Kilo?

Ez nagyon finom.
es nadjon finom
dies sehr lecker
Das ist sehr lecker.

Ez jóízű/zaftos.
es jóíßü/saftosch
dies schmackhaft/saftig
Das ist schmackhaft/saftig.

Einkaufen

Ezt/azt szeretném.
est/ast ßeretném
dies/das lieben-würde-ich
Dies/das möchte ich.

Ezt szeretném megnézni.
est ßeretném megnésni
dies lieben-würde-ich anschauen
Das möchte ich anschauen.

Dass **szeretlek**
„ich liebe dich" heißt,
wissen wir ja schon.

vesz *(weß)* **/elad**	kaufen/verkaufen
kínál/fizet *(fiset)*	anbieten/zahlen
eladó/eladónő	Verkäufer/-in
ár	Preis
drága/olcsó *(oltschó)*	teuer/billig
egy méter *(edj méter)*	1 Meter
túl drága	zu teuer
pénz *(péns)*	Geld
aprópénz *(apropéns)*	Kleingeld
papírpénz *(papírpéns)*	Geldschein
árengedmény *(árengedménj)*	Preisnachlass
cucc *(zuzz)*	Ding, Sache
zacskó *(satschkó)*	Tüte
doboz *(dobos)*	Schachtel
fajta	Art
csúnya *(tschúnja)*	hässlich
kevesebbet *(keweschebbet)*	weniger
többet	mehr
valamit *(walamit)*	etwas
inkább ezt *(inkább est)*	lieber dies

száztízenöt | 115

Einkaufen

Souvenirs

anyag -nak *(anjag)*	Stoff für ...
hímzés *(hímsésch)*	Stickerei
terítő	Decke
bonbon	Pralinen
párna	Kissen
kerámia	Keramik
kancsó *(kantschó)*	Krug
pohár *(pochár)*	Glas
tányér *(tánjér)*	Teller
hanglemez *(hanglemes)*	Schallplatte
fűszerpaprika *(fűßer...)*	Paprika(pulver)
öv *(öw)*	Gürtel
kalap	Hut
ridikül	Handtasche
ruha	Kleid
blúz *(blús)*	Bluse
szoknya *(ßoknja)*	Rock
nagyobbat *(nadjobbat)*	größer
kisebbet *(kischebbet)*	kleiner
pont jó	es passt
szín *(ßín)*	Farbe
fazon *(fason)*	Form
négyszögletes *(nédjßögletesch)*	viereckig
kerek	rund

Am Abend

Am Abend

Wenn man nicht gerade in einem kleinen Dorf ist, hat man viele Möglichkeiten, seinen Abend angenehm zu verbringen. Es gibt ein großes kulturelles Angebot; für jeden Geschmack ist etwas dabei. Allein Budapest hat über 25 Theater, mehr als 100 Kinos und über 1000 Restaurants.

Ein Theater- oder Konzertbesuch ist nicht teuer. Sollte man keine Karte im Vorverkauf bekommen, kann man es an der Abendkasse probieren. Es gehört zur ungarischen Gastfreundschaft, eine Karte aufzutreiben, wenn es irgendwie möglich ist. Montags sind die Theater geschlossen.

Will man Zigeunermusik hören, muss man in einen Weinkeller oder in eine **Csárda** gehen.

Hova megyünk ma este?
howa mdejünk ma eschte
wohin gehen-wir heute Abend
Wohin gehen wir heute Abend?

színház-ba *(ßinhás)*	ins Theater
bábszínház-ba *(bábßinhás)*	ins Puppentheater
cirkusz-ba *(zirkuß)*	in den Zirkus
koncert-re *(konzert)*	ins Konzert
operá-ba	in die Oper
balett-re	ins Ballett

Am Abend

táncház-ba (tánzhás)	zum Volkstanz
mozi-ba (mosi)	ins Kino
disco-ba	in die Disco
étterem-be	ins Restaurant
söröző-be (schöröső)	in die Bierstube
borozó-ba	Weinstube
vendégség-be (wendégschég)	zu Besuch

Van kedved moziba menni?
wan kedwed mosiba menni
ist Lust-dein Kino-in gehen
Hast du Lust, ins Kino zu gehen?

Hol van a színház a városban?
hol wan a ßinhás a wároschban
wo ist das Theater die Stadt-in
Wo ist das Theater in der Stadt?

Ma mit játszanak?
ma mit játßanak
heute was spielen-sie
Was wird heute gespielt?

Mikor kezdődik az előadás?
mikor kesdődik as előadásch
Wann beginnt die Vorstellung?

Hogy tetszik a zene?
hodj tetßik a sene
Wie gefällt Dir die Musik?

Am Abend

Kérek két jegyet a(z) ... előadásra.
kérek két jedjet as ... előadáschra
bitte-ich 2 Karten die ... Vorstellung-für
Ich möchte zwei Karten für die ... Vorstellung.

következő *(köwetkeső)*	nächste
utolsó *(utolschó)*	letzte
holnapi	morgige
hat órás *(hatórásch)*	6 Uhr

Mennyibe kerül egy jegy?
menjnjibe kerül edj jedj
wie-viel-in kostet eine Karte
Was kostet eine Karte?

Liebesgeflüster

Liebesgeflüster

Ich erwähnte schon, dass die Ungarn gern Komplimente machen und hören. Sollte man also die Absicht haben, „ihr" oder „ihm" näher zu kommen, führt kein Weg daran vorbei. Da die Annäherungsgeschwindigkeit in der Disko am schnellsten sein soll, gebe ich einige Satzbeispiele dafür:

Táncolunk?
táncolunk
tanzen-wir
Tanzen wir?

Én Péter vagyok, és te?
én péter wadjok, ésch te
ich Peter bin-ich, und du
Ich bin Peter, und du?

Beim Tanzen kann man mit Worten untermalen, was die Augen bereits sagen:

Csinos vagy.
tschinosch wadj
hübsch bist-du
Du bist hübsch.

Jól mozogsz.
jól mosogß
gut bewegst-du-dich
Du bewegst dich gut.

Szép a hajad.
ßép a hajad
schön das Haar-dein
Du hast schöne Haare.

Szép a szemed.
ßép a ßemed
schön das Auge-dein
Du hast schöne Augen.

Jó az alakod.
jó as alakod
gut die Figur-deine
Du hast eine gute Figur.

Tetszel nekem.
tetßel nekem
gefällst-du mir
Du gefällst mir.

Liebesgeflüster

Möchte man mit jemandem schlafen, muss man das elegant umschreiben, denn jede direkte Äußerung gilt als sehr phantasielos. Kein Ungar würde das direkt fragen. Übrigens wird das Wort „schlafen" für diesen Zweck im Ungarischen gar nicht benutzt, sondern **lefeküdni** (hinlegen). Man könnte beispielsweise fragen:

Jössz hozzám egy kávéra?
jößß hossám edj káwéra
kommst-du mir-zu ein Kaffee-auf
Kommst du zu mir Kaffee trinken?

Szeretnéd velem tölteni az éjszakát?
ßeretnéd welem tölteni as éjßakát
lieben-würdest-du-mit-mir verbringen die Nacht
Möchtest du die Nacht mit mir verbringen?

Hiszel a szerelemben elsö látásra?
hißel a ßerelemben elschö látáschra?
glaubst-du die Liebe-in erster Blick-auf
Glaubst du an die Liebe auf den ersten Blick?

Vagy elsétáljak elötted még egyszer?
Vadj elschétáljak elötted még edjißer?
oder vorbeispazieren-soll-ich vor-dir noch einmal
Oder soll ich noch einmal vor dir vorbei spazieren?

Sport

Sport

In Ungarn ist der Sport ein Kult. Demzufolge findet man im ganzen Land unzählige Sportmöglichkeiten. Sieht man eine Gruppe Ball spielen, kann man ohne weiteres fragen, ob man mitspielen darf, was bestimmt nicht abgelehnt wird! Zwei Sportarten kann man in Ungarn besonders gut ausüben: Schwimmen und Reiten.

Außer dem **Balaton** (Plattensee) gibt es sowohl in Budapest als auch auf dem Land viele sehr schön angelegte Thermalbäder, einige noch aus der Türkenzeit. Man kann dort auch im Winter draußen schwimmen.

Reiten hat in Ungarn eine 1000-jährige Tradition. Es macht riesigen Spaß, auf den erstklassigen Pferden durch die Pusztalandschaft zu reiten.

focizik (fozisik)	Fußball spielen
labdázik (labdásik)	Ball spielen
fürdik/úszik (úßik)	baden/schwimmen
lovagol (lowagol)	reiten
ménes (ménesch)	Gestüt
kantár/nyereg (njereg)	Zaumzeug/Sattel
vitorlázik (witorlásik)	segeln
szörföl (ßörföl)	surfen
biciklizik (biziklisik)	Rad fahren
sakkozik (schakkosik)	Schach spielen
pecázik (pezásik)	angeln
fürdőruha	Badeanzug

Sport

medence *(medence)*	Schwimmbecken
napozik *(naposik)*	sonnen
szauna *(ßauna)*	Sauna
szekrény *(ßekrénj)*	Schrank
játék	Spiel
tenisz *(teniß)*/**pingpong**	Tennis/Tischtennis

Van török fürdő a városban?
wan török fürdő a wároschban
ist türkisch Bad die Stadt-in
Gibt es ein türkisches Bad in der Stadt?

Mikor van nyitva?
mikor wan njitwa
wann ist geöffnet
Wann ist es geöffnet?

Kérek egy jegyet az uszodába.
kérek edj jedjet as ußodába
bitte-ich eine Karte das Schwimmbad-in
Ich möchte eine Karte für das Schwimmbad.

Hol lehet átöltözni?
hol lehet átöltösni
wo möglich umziehen
Wo kann man sich umziehen?

Hideg a víz?
hideg a wís
kalt das Wasser
Ist das Wasser kalt?

Nem, nagyon kellemes/langyos.
nem, nadjon kellemesch/landjosch
Nein, es ist sehr angenehm/lauwarm.

Beugrani tilos!
be ugrani tilosch
Springen verboten!

Fürdeni tilos
fürdeni tilosch
Baden verboten!

százhúszonhárom

Ämter

Ämter

Am Zoll und auf Ämtern spricht immer jemand Deutsch. Die Formulare für Ausländer sind mehrsprachig. Die Einreise nach Ungarn ist problemlos, da seit 1990 kein Visum mehr erforderlich ist.

Kérem mutassa az igazolványát!
kérem mutaschscha as igasolwánját!
bitten-ich zeigen-Sie den Ausweis-Ihr
Bitte zeigen Sie mir Ihren Ausweis!

Van valami elvámolnivalója?
wan walami elwámolniwalója?
gibt-es etwas verzollbar-Ihr?
Haben Sie etwas zu verzollen?

Ez az áru vámköteles!
es az áru wámkötelesch!
diese die Ware zollpflichtig
Diese Ware ist zollpflichtig!

Ämter

Bei der Polizei

Elloptak tőlem valamit.
elloptak tőlem walamit
stahlen-sie von-mir etwas
Man hat mich bestohlen.

Hol van a rendőrség?
hol wan a rendőrschég
Wo ist die Polizei?

Feljelentést szeretnék tenni.
feljelentéscht ßeretnék tenni
Anzeige lieben-würde-ich tun
Ich möchte Anzeige erstatten.

Mikor érkezett Magyarországra?
mikor érkesett madjarorßágra
wann ankamen-Sie Ungarn-auf
Wann sind Sie in Ungarn angekommen?

Két hete vagyok Magyarországon.
két hete wadjok madjarorßágon
2 Wochen-seit bin-ich Ungarn-in
Ich bin seit 2 Wochen in Ungarn.

Szeretnék belejenteni egy balesetet.
ßeretnék bejelenteni edj baleschetet
Lieben-würde-ich anmelden ein Unfall.
Ich möchte einen Unfall melden.

Tudna kérem egy jelentést írni a biztosító számára?
tudna kérem edj jelentéscht írni a bistoschító ßámára?
Könnten-Sie bitte ein Protokoll schreiben dieVersicherung für.
Können Sie bitte ein Protokoll für die Versicherung ausstellen?

Ämter

rendőrség (rendőrschég)	Polizei
kapitányság (kapitánjschág)	Polizeistation
beutazás (beutasásch)	Einreise
kiutazás (kiutasásch)	Ausreise
útlevél (útlewél)	Reisepass
főnök	Vorgesetzte
űrlap	Formular
jogosítvány (jogoschítwánj)	Führerschein
engedély (engedéj)	Erlaubnis
konzulátus (konsulátusch)	Konsulat
nagykövetség (nadjköwetschég)	Botschaft
mininiszter	Minister
minisztérium (minißtérium)	Ministerium
feljelentés (feljelentésch)	Anzeige

Versteht man etwas nicht, fragt man:

Ez mit jelent?
es mit jelent
diese was bedeutet
Was bedeutet das?

In der Post

Post heißt **posta** *(poschta)*, die Briefkästen sind rot. Wenn man einen Brief aufgibt, braucht man nur **Németországba** *(németorßágba)* zu sagen.

Szeretnék bélyeget Németországba.
ßeretnék béjeget németorßágba
lieben-würde-ich Briefmarke Deutschland-in
Ich möchte Briefmarken nach Deutschland.

Ämter

Levélre vagy képeslapra?
lewélre wadj képeschlapra
Brief-auf oder Postkarte-auf
Für einen Brief oder für eine Postkarte?

levél *(lewél)*	Brief
képeslap *(képeschlap)*	Ansichtskarte
csomag *(tschomag)*	Paket
bélyeg *(béjeg)*	Briefmarke
légiposta *(légiposchta)*	Luftpost
telefonál	telefonieren
táviratozik *(táwiratosik)*	ein Telegramm abschicken
poste restante *(poßt reßtant)*	postlagernd
utalvány *(utalwánj)*	Postanweisung

Telefonieren

Ortsgespräche können von Münzfernsprechern aus geführt werden. Ferngespräche nur, wenn auf dem Apparat **nemzetközi** *(nemsetközi)* (international) draufsteht. Die Gebrauchsanweisung ist bebildert. Sollten Sie nicht zurechtkommen, fragen Sie einen Passanten.

Tetszik segíteni felhívni ezt a számot?
tezzik schegíteni felhívni est a ßámot
gefällt-es-Ihnen helfen anrufen diese die Nummer
Können Sie mir helfen, diese Nummer anzurufen?

Ämter

In Budapest gibt es ein internationales Fernmeldeamt an der Ecke **Petőfi Sándor utca** und **Martinelli tér**. Es ist Mo-Fr von 7-21 und Samstag bis 19 Uhr geöffnet.

Szeretnék Németországba telefonálni.
ßeretnék németorßágba telefonálni
lieben-würde-ich Deutschland-in telefonieren
Ich möchte in Deutschland anrufen.

Melyik város?
mejik wárosch
Welche Stadt?

Itt a szám.	**telefonszám**
itt a ßám	*telefonßám*
Hier ist die Nummer.	Telefonnummer
hívószám	**nemzetközi hívószám ...-ba**
hiwóßám	*nemsetközi hivóßám ...-ba*
Vorwahl	internationale Vorwahl für ...

Wer lieber Emails verschickt oder erhält, kann in allen größeren Städten ein Internet-Cafe dafür finden.

Hol van a legközelebbi internet-kávézó?
hol wan a legközelebbi internet-káwésó?
Wo ist das nächste Internet-Cafe?

Ämter

Ländernamen

Bulgária	Bulgarien
Németországba *(németorßágba)*	Deutschland
Franciaország *(franzijaorßág)*	Frankreich
Svájc *(schwájc)*	Schweiz
Olaszország *(olaßorßág)*	Italien
Ausztria *(außtrija)*	Österreich
Horvátország *(chorwátorßág)*	Kroatien
Lengyelország *(lendjelorßág)*	Polen
Románia	Rumänien
Oroszország *(oroßorßág)*	Russland
Spanyolország *(schpanjolorßág)*	Spanien
Hollandia	Niederlande
Törökország *(törökorßág)*	Türkei
Anglia	England
Szerbia *(ßerbia)*	Serbien
Ukrajna	Ukraine

…-ból jövök.	**…-ba megyek tovább.**
…-ból jöwök	*…-ba medjek towább*
…-aus komme-ich	*…-nach fahre-ich weiter*
Ich komme aus …	Ich fahre nach … weiter.

százhúszonkilenc | **129**

Ämter

Bei der Bank

Geld kann man in Sparkassen **(OTP)**, Banken oder Hotels wechseln.

bank	Bank
vált *(wált)*	wechseln
átutal	überweisen
árfolyam *(árfojam)*	Wechselkurs
aláírás *(aláírásch)*	Unterschrift
csekk *(tschekk)*	Scheck
úticsekk *(útitschekk)*	Reisescheck

Szeretnék száz eurót / svájci frankot váltani.
ßeretnék ßás német eurót / schwajci frankot wáltani
lieben-würde-ich 100 Euro / Schweizer Franken wechseln
Ich möchte gern 100 Euro / Schweizer Franken wechseln.

Selbstverständlich kann man sich auch mit der Kreditkarte Bargeld besorgen oder direkt damit in vielen Geschäften bezahlen.

Fizethetek hitelkártyával?
fizethetek hitelkartyawal?
zahlen-kann-ich Kreditkarte-mit?
Kann ich mit Kreditkarte bezahlen?

Krank sein

Krank sein

Der Erste-Hilfe-Dienst **(mentők)** ist in Ungarn kostenlos. Behandlungen in der Poliklinik oder im Krankenhaus muss man bezahlen. Es ist eine ungarische Gewohnheit, dem Arzt ein Trinkgeld oder ein Geschenk (alkoholische Getränke, Pralinen) zu geben. Von einem Schüler oder Studenten wird das aber nicht erwartet.

Hol találok egy orvost?
hol találok edj orwoscht
Wo finde ich einen Arzt?

Hogy van?
hodj wan
Wie geht es Ihnen?

Hol fáj?
wo weh-tun
Wo tut es weh?

Mi a baja?
was das Leiden-Ihr
Was fehlt Ihnen?

Fáj a fülem/lábam/gyomrom/torkom/fogam.
Mein Ohr/Fuß/Magen/Hals/Zahn tut weh.

Hánytam.
hánjtam
Ich habe gebrochen.

Lázas vagyok.
lásasch wadjok
fiebrig bin-ich
Ich habe Fieber.

Megfáztam.
megfástam
Ich habe mich erkältet.

Nem érzem jól magam.
nem érsem jól magam
nicht fühle-ich gut mich
Ich fühle mich nicht gut.

Krank sein

orvos (orwosch)	Arzt
fogorvos (fogorwosch)	Zahnarzt
kezelés (keselésch)	Behandlung
betegség (betegschég)	Krankheit
beteg	krank
kórház (korhás)	Krankenhaus
ápolónő	Krankenschwester
betegbiztosítás (bistoschításch)	Krankenversicherung
recept	Rezept
gyógyszertár (djódjßertár)	Apotheke
injekció (injekzió)	Spritze
gyógyszer (djódjßer)	Medikament
tabletta	Tablette
cseppek (tscheppek)	Tropfen
kenőcs (kenőtsch)	Salbe
oltás (oltásch)	Impfung
fertőzés (fertősésch)	Infektion
influenza (influensa)	Grippe
fejfájás (fejfájásch)	Kopfschmerzen
hasfájás (haschfájásch)	Bauchschmerzen
torokfájás (torokfájásch)	Halsschmerzen
fogfájás (fogfájásch)	Zahnschmerzen
fülfájás (fülfájásch)	Ohrenschmerzen
láb/kar	Bein/Arm
eltörött	gebrochen
kificamodott (kifizamodott)	verstaucht
elvág (elwág)	sich schneiden
elesik (eleschik)	stürzen, hinfallen

Elestem.
eleschtem
Ich bin gestürzt.

Literaturhinweise

Falls Sie weiterlernen wollen, kaufen Sie sich die Lehrbücher in Ungarn. Sie sind dort sehr billig!

Ungarisches Lehrbuch

Sándor Mikesy:
Akadémiai Kiadó Budapest

Ungarisch für Ausländer

Ginter Károly-Tarnói Lásló:
Tankönykiadó Budapest

Wörterbücher gibt es in allen Größen von verschiedenen Verlagen.

Selbstlernkurs:

Sehr zu empfehlen ist der beim Assimil Verlag erschienene Sprachkurs:
Ungarisch ohne Mühe
Audio-Sprachkurs mit einem Lehrbuch und vier Audio-CDs, ISBN: 9782700520279
www.assimil.de

Diese Bücher und Schriften sind nicht beim REISE KNOW-HOW Verlag erhältlich. Bitte wenden Sie sich an Ihre Buchhandlung oder eine Bibliothek!

CityTrip

die neuen kompakten Städteführer
bei REISE KNOW-HOW

Gergely Kispál

CityTrip Budapest

144 Seiten, komplett in Farbe, mit grpßem City-Faltplan,
Übersichtskarten, stimmungsvolle Fotos, kleine Sprachhilfe,
ausführliches Register
€ 9,80 [D], ISBN 978-3-8317-2184-9

Eva Gruberová, Helmut Zeller

CityTrip Prag

144 Seiten, komplett in Farbe, mit grpßem City-Faltplan,
Übersichtskarten, stimmungsvolle Fotos, kleine Sprachhilfe,
ausführliches Register
€ 9,80 [D], ISBN 978-3-8317-2146-7

Daniel Krasa

CityTrip Wien

144 Seiten, komplett in Farbe, mit grpßem City-Faltplan,
Übersichtskarten, stimmungsvolle Fotos, kleine Sprachhilfe,
ausführliches Register
€ 9,80 [D], ISBN 978-3-8317-2008-8

Margit Brinke, Peter Kränzle

CityTrip Salzburg

144 Seiten, komplett in Farbe, mit grpßem City-Faltplan,
Übersichtskarten, stimmungsvolle Fotos, kleine Sprachhilfe,
ausführliches Register
€ 9,80 [D], ISBN 978-3-8317-2096-5

www.reise-know-how.de

Kauderwelsch-Sprechführer

Leute kennen lernen und einfach loslegen: Sprechen

«Wort-für-Wort»
Einen ersten Einblick in die Sprache gewinnen, um die wichtigsten Situationen meistern zu können.

«Slang»:
Die authentische Umgangssprache kennen lernen.

«Dialekt»:
heimische Mundarten von Platt bis Bairisch, von Wienerisch bis Schwiizertüütsch.

«Deutsch für Ausländer»:
Das einfache Kauderwelsch-System auch für unsere Gäste.

«AusspracheTrainer» auf Audio-CD
gibt es zu vielen Sprachführern. Sie werden die „Begleitkassetten" in den nächsten Jahren ablösen.

«Kauderwelsch DIGITAL»
Komplett digitalisierte Kauderwelsch-Bände zum Lernen am PC. Alle fremdsprachlichen Wörter werden auf Mausklick vorgesprochen, Bonus auf der CD-ROM: der AusspracheTrainer – auch für Ihr Audioabspielgerät.

Über 220 Bände, mehr als 150 Sprachen!
Eine Übersicht über alle Kauderwelsch-Produkte finden Sie unter
www.reise-know-how.de

Wortliste Deutsch – Ungarisch

Wortliste Deutsch – Ungarisch

Diese Wörterliste enthält einen Grundwortschatz von etwa 1000 Einträgen, mit denen man schon eine ganze Menge anfangen kann. Wörter, die man in den Kapiteln findet, sind hier nicht immer einsortiert.

A

Abend este
Abendessen vacsora
abends este
aber de
Abfahrt elutazás, indulás
abgeben lead
abhängen von etwas függ (-tól, -től)
ablegen letesz
Abonnement bérlet
Abreise elutazás
abreisen elutazik
Abschied búcsú
Absender feladó
Abteilung osztály
achtgeben vigyáz
Achtung vigyázat
Adresse cím
ähnlich hasonló
ändern megváltoztat
ärgern, sich bosszankodik
alle mind
allein egyedül
alles Gute minden jót
Alltag hétköznap
als (Vergleich) mint
als (Zeitbest.) mikor
als, wenn mint, ha
also tehát
alt öreg
Alte, der öreg ember
Alte, die öregasszony
Alter kor
Amt hivatal
amüsieren, sich mulat
anbieten ajánl
anderswo máshol
anderthalb másfél
Anfang kezdet
anfangen kezd
Angelegenheit ügy
angenehm kellemes
Angestellte, -r alkalmazott
Angst félelem
ankommen érkezik, megjön
Ankunft érkezés
Anprobekabine próbafülke
anprobieren felpróbál
anstatt helyett
ansteckend fertőző
Ansteckung fertőzés
Antwort felelet
antworten felel
Anzeige hirdetés
anziehen felvesz
anzünden meggyújt
Apfel alma
Appetit étvágy
applaudieren tapsol
Aprikose sárgabarack
Arbeit munka
arbeiten dolgozik
Arbeiter dolgozó
Arm kar
arm szegény
Artikel cikk
Arznei orvosság
Arzt orvos
auf Wiedersehen a viszontlátásra
Aufführung előadás
aufgeben felad
aufmachen kinyit
aufstehen feláll
aufsteigen felszáll
aufwachen felébred
aufwecken felkelt

Wortliste Deutsch – Ungarisch

Ausdruck kifejezés
Ausflug kirándulás
Ausgang kijárat
aushalten kitart
Auskunft felvilágosítás
Ausland külföld
Ausländer külföldi
ausländisch külföldi
Ausnahme kivétel
außerdem azonkívül
außerhalb kívül
Aussicht kilátás
aussuchen kikeres
Auswahl választék
Ausweis igazolvány
ausziehen levesz
Auto autó
Autobus autóbusz

B

Badeanzug fürdőruha
Badehose fürdőnadrág
baden fürdik
Badezimmer fürdőszoba
Bahnhof pályaudvar
bald nemsokára
Ball labda
Ballett balett
Band kötet, szalag
Bank bank
Bart szakáll
Bau építkezés
Bauch has
bauen épít
Bauer paraszt
Beamte, -r tisztviselő
bedauern sajnál
bedenken meggondol
befehlen parancsol

befreunden
 megbarátkozik
beginnen elkezd
begleiten elkísér
beide mindkettő
Bein lábszár
beinahe majdnem
Beispiel példa
bekommen kap
Benehmen viselkedés
benutzen használ
Benzin benzin
beobachten megfigyel
bequem kényelmes
bereit kész
Berg hegy
Beruf hivatás
berühmt híres
Beschwerde panasz
besetzt foglalt
besonders különös
besprechen megbeszél
Besuch látogató
besuchen látogat
Betrieb üzem
Bett ágy
Bettuch lepedő
Bettwäsche ágynemű
Bewohner lakos
Bezirk kerület
Bier trinken sörözik
billig olcsó
binden köt
Birne körte
bis -ig, míg
bitte kérem, tessék
bitten kér
blasen fúj
Blatt lap
blau kék
Bleistift ceruza

blicken tekint, néz
Blitz villám
blitzen villámlik
blond szőke
blühen virágzik
Blume virág
Blut vér
böse mérges
Bohne bab
bohren fúr
Bonbons bonbon
Botschaft követség
brauchen kell
braun barna
brennen ég
Brief levél
Briefmarke bélyeg
Briefumschlag
 levélboríték
bringen hoz
Brot kenyér
Bruder fivér(báty, öcs)
Brücke híd
Brunnen kút
Brust mell
Buch könyv
Büro iroda
Burg vár
Butter vaj

C/D

Chef főnök
Chor kar, kórus
Creme krém
da itt, ott
daheim otthon
dahin oda
Dame hölgy
danach azután

százharminckilenc | 139

Wortliste Deutsch – Ungarisch

dann akkor
darin abban
darum azért
dass hogy
dauern tart
DDR NDK
delikat finom
denken gondol
Denkmal emlékmű
deutsch németül
Deutsche, -r német
Dichter költő
Dieb tolvaj
Dienstag kedd
Diesel diesel
Ding dolog
Dirigent karmester
Donnerstag csütörtök
Dorf falu
dort ott
draußen kint
drinnen bent
dürfen szabad
dunkel sötét
durch át
duschen zuhanyozik
duzen tegez

E

eben éppen most
echt valódi
Ecke sarok
egal mindegy
Ehepaar házaspár
eher, lieber inkább
Ei tojás
eigen saját
eilen siet

ein wenig egy keveset
Einbettzimmer egyágyas szoba
einfach egyszerű
Einfahrt, Eingang bejárat
einige néhány
Einkauf vásárlás
einkaufen vásárol
einladen meghív
Einladung meghívás
einmal egyszer
einschlafen elalszik
einsteigen beszáll
einsteigen felszáll
Eintrittskarte belépőjegy
Eis jég
Eltern szülők
empfehlen ajánl
Ende vége
enden befejez
endlich végre
Endstation végállomás
eng szűk
Ente kacsa
Entschuldigung bocsánat
Erbse borsó
Erde föld
Erdgeschoss földszint
Erfolg eredmény
erfrischen felüdül
erinnern, sich emlékszik
erlaubt megengedett
Erlebnis élmény
Ernte aratás
Ersatzteil pótalkatrész
erwachen felébred
Erwachsene, -r felnőtt

Esel szamár
essen eszik
Essen étel
etwas valami
Europa Európa
ewig örökké

F

Fabrik gyár
Faden fonal
Fähre komp
fahren utaz
Fahrerlaubnis utazási engedély
Fahrkarte menetjegy, vasúti jegy
Fahrt utazás
fallen esik
Familie család
Familienname családnév
Familienstand családi állapot
Farbe szín
Fass hordó
Fassade homlokzat
fassen fog
faul lusta
Feder toll
Feier ünnep
feiern ünnepel
Feile reszelő
fein finom
Feld föld
Fenster ablak
fern, weit messze
Fernstraße országút
fertig kész

Wortliste Deutsch – Ungarisch

Fest ünnep
Feuer tűz
Feuerwehr tűzoltók
Fieber láz
finden talál
Fisch hal
Fischer halász
flach lapos
Flasche üveg
Fleisch hús
fleißig szorgalmas
fliegen repül
fließen folyik
Flugplatz repülőtér
Flugzeug repülőgép
Fluss folyó
Forint (Münze) Forintos
Forschung kutatás
Foto fénykép
Frage kérdés
Fragebogen kérdőív
fragen kérdez
französisch franciául
Frau asszony
frei szabad
Freibad strand
Freiheit szabadság
Freitag péntek
fremd idegen
Freude öröm
freuen, sich örül
Freund barát
Freundin barátnő
freundlich barátságos
Freundschaft schließen barátkozik
frisch friss
Friseur fodrász
froh boldog
Frucht gyümölcs

früh korán
Frühling tavasz
Frühstück reggeli
fühlen, sich érzi
führen vezet
füllen tölt
füttern etet
Furcht felelem
Fuß láb
Fußballspiel futball
Fußgängertunnel aluljáró

G

Gabel villa
Gans liba
ganz egész
Garten kert
Gasse utca
Gast vendég
Gastgeber vendéglátó
Gatte férj
Gattin feleség
Gebäck sütemény
Gebäude épület
geben ad
Geburtsdatum születési idő
Geburtsort születési hely
Geduld türelem
gedünstet párolt
Gefahr veszély
gefährlich veszélyes
gefallen tetszik
Geflügel baromfi, szárnyas
Gegend táj
gegenüber szemben
Geheimnis titok

gehen megy
gelb sárga
Geld pénz
gemeinsam együtt
gemischt vegyes
Gemüse főzelék
genau pontos
genug elég
Gepäck csomag
gerade éppen
geradeaus egyenesen
Gerät készülék
Gerechtigkeit igazság
gern szívesen
Gesang ének
Geschäft üzlet
geschehen történik
Geschenk ajándék
Geschichte történet
geschickt ügyes
geschieden elvált
Geschwindigkeit sebesség
Gesicht arc
gestern tegnap
gesund egészséges
Gesundheit egészség
Getränk ital
Gewitter vihar
gewöhnen, sich szokik
gibt, es - van
gießen önt
Glas üveg, pohár
glauben hisz
Glück szerencse
glücklich boldog
Gold arany
Gott Isten
Grab sír
Grad fok

száznegyvenegy | **141**

Wortliste Deutsch – Ungarisch

Grammatik nyelvtan
Grenze határ
grob durva
groß nagy
großartig nagyszerű
Größe nagyság
grün zöld
Grünzeug zöldség
grüßen köszön
Grund alap
Gruppe csoport
günstig kedvező
Gürtel öv
Gurke uborka
gut jó

H

haben, ist zu - kapható
hängen akaszt
Hahn kakas
Hals nyak
halt állj
halten tart
Haltestelle megálló
Hammer kalapács
Hand kéz
Handtuch zsebkendő
Hauptstadt főváros
Haut bőr
Heft füzet
Heide puszta
heilen gyógyít
heilig szent
heiß forró
helfen segít
heraus ki
hereinkommen bejön
Herr úr
Herz szív

herzlich szívélyes
heute ma
hier itt
Hilfe segítség
Himbeere málna
Himbeersaft málnaszörp
Himmel ég
hin und zurück ide és oda
hinlegen letesz
hinten hátul
hoch magas
Hochzeit esküvő
höflich udvarias
hören hall
Hof udvar
hoffen remél
Holz fa
Honig méz
Hose nadrág
Hotel szálloda
hübsch csinos
Hügel domb
Huhn tyúk
Hund kutya
hungrig éhes
Hut kalap

I

ich én
im Allgemeinen általában
im voraus előre
immer mindig
Industrie ipar
Infektion fertőzés
Information tájékoztatás
informieren tájékoztat
Innenstadt belváros
innerhalb belül

Insel sziget
insgesamt összesen
Instrument hangszer
interessant érdekes
Interesse érdek
inzwischen közben
irgendwelcher valamelyik
ist kein nincs

J

ja igen
Jahr év
Jahreszeit évszak
jährlich évente
jede, -r, -s mindegyik
jedermann mindenki
jemand valaki
jetzt most
Jugend ifjúság
jung fiatal
Junge fiú

K

kämpfen harcol
Käse sajt
Kaffee kávé
Kakao kakaó
kalt hideg
Kamm fésű
Karosserie karosszéria
Karotte sárgarépa
Kartoffel burgonya
Kasse pénztár
kaufen vásárol
Kaufhaus áruház
Keks keksz

Wortliste Deutsch – Ungarisch

Keller pince
Kellner pincér
kennen ismer
kennenlernen megismer
Kerze gyertya
Kette lánc
Kilogramm kilogram
Kind gyermek
Kinn áll
Kino mozi
Kirche templom
Kissen párna
Klasse osztály
klatschen tapsol
kleben ragaszt
Kleid ruha
Kleiderstoff ruhaanyag
Kleidung ruházat
klein kicsi
Kleingeld aprópénz
Kleinigkeit apróság
klingeln csönget
klug okos
Knabe fiú
Knopf gomb
König király
können tud
Können tudás
Koffer koffer, bőrönd
Kohl kel
komm her! gyere ide!
kommen jön
Komponist zeneszerző
Kondom koton
Kopf fej
Kopfsalat fejessaláta
Korb kosár
kosten (Preis) kerül
kosten (probieren) kóstol

kräftig erős
krank beteg
Kranke beteg
Krankenhaus kórház
Kraut káposzta
Krieg háború
Kuchen sütemény
Küche konyha
kühl hűvös
Künstler művész
Kürbis tök
küssen csókol
Kultur kultúra
Kunst művészet
kurz rövid

L

lachen nevet
Laden bolt
lächeln mosolyog
Lärm lárma
Lage helyzet
Lampe lámpa
Land vidék, ország
landen leszáll
Landkarte térkép
Landschaft vidék
Landwirt gazda
Landwirtschaft mezőgazdaság
lang hosszú
langsam lassan
lassen hagy
lau langyos
laufen szalad
leben él
Lebensgefahr életveszély

Lebensmittel élelmiszer
Leber máj
lebhaft élénk
ledig nőtlen
legen fektet
lehren tanít
Lehrer tanító
Lehrling ipari tanuló
leicht könnyű
leidenschaftlich szenvedélyes(en)
leider sajnos
lenken vezet
lernen tanul
lesen olvas
Licht fény
lieben szeret
Lied dal
liegen fekszik
Limonade limonádé
links balra
LKW teherautó
Löwe oroszlán
lügen hazudik
Luft levegő
Luftpost légiposta
Lust haben kedve van
lustig vidám
Lyriker lírikus

M

machen csinál
Macht hatalom
Mädchen kisleány
Mädchenname leánynév
Märchen mese
Magen gyomor

Wortliste Deutsch – Ungarisch

Magen verderben gyomorrontás
mager sovány
Mais kukorica
Mal (ein anderes -) máskor
malen fest
man az ember
Mann férfi
Mantel kabát
Markt piac
Marmelade lekvár
Material anyag
Mauer fal
Medikament orvosság
Meer tenger
Mehl liszt
mehrmals többször
mein enyém
Meister mester
Mensch ember
mieten bérel
Milch tej
Mineralwasser szódavíz
Minute perc
Missverständnis félreértés
mitbringen hoz
mitnehmen visz
Mittag dél
Mittagessen ebéd
Mitte közép
Mittelalter középkor
mittelmäßig közepes
Mittwoch szerda
Mode divat
modisch divatos
Möbel bútor
mögen szeret
Möglichkeit alkalom
Moment perc

monatlich havonta
Monatskarte havi bérlet
Mond hold
Montag hétfő
morgen holnap
Morgen reggel
Motor motor
müde fáradt
müssen kell
Museum múzeum
Musik zene
Mut bátorság
mutig bátor
Mutter anya

N

nach után
nachdem, nachher azután
Nachmittag délután
Nacht éjszaka
nahe közel
Name név
Nase orr
Nation nemzet
national nemzeti
natürlich természetes
Natur természet
nehmen vesz
nein nem
nennen nevez
nervös ideges
nett csinos
Netz háló
neu új
neugierig kíváncsi
nicht nem
Nichte unokahúg
nie soha
niemand senki

noch még
Nockerln galuska
Norden észak
nördlich észak felé
nötig szükséges
Nummer szám
nur csak

O

oben fent
Obst gyümölcs
Obstsaft gyümölcslé
Obus trolibusz
obwohl (ha)bár
oder vagy
öffnen kinyit
Öl olaj
Österreich Ausztria
oft sokszor
ohne nélkül
Ohr fül
Onkel nagybácsi
Oper opera
Operation műtét
Orchester zenekar
ordentlich rendes
original eredeti
Osten kelet
Ostern húsvét

P

Paar pár
packen csomagol
Palais, Palast kastély, palota
Papier papír
Partei párt
Paste paszta

Wortliste Deutsch – Ungarisch

Person személy
Petersilie petrezselyem
Pfeife pipa
Pfirsich őszibarack
Pflanze növény
Plaster sebtapasz
pflegen ápol
Pille tabletta
Plan terv
planen tervez
Platz hely
Platz nehmen
  helyet foglal, leül
plötzlich hirtelen
Polen Lengyelország
Polizei rendőrség
Polizist rendőr
Polster párna
Post posta
Postanweisung
  postautalvány
Postkarte postai levelezőlap
praktisch hasznos
praktisch praktikus
Preis ár
probieren próbál
Problem probléma
pünktlich pontos
Pullover pulóver
Pulver por
Pumpe pumpa

Q/R

Qualität minőség
Rad kerék
Rand szél
Rasen gyep
rasieren borotválkozik
Rat tanács
rauben rabol
rauchen dohányzik
Raum hely
Rechnung számla
Recht jog
rechts jobbra
reden beszél
Regel szabály
Regen eső
regieren kormányoz
Regierung kormány
regnen esik
reich gazdag
reif érett
Reihe sor
rein tiszta
reinigen tisztít
Reis rizs
Reise utazás
Reiseleiter idegenvezető
Reisepass útlevél
rennen szalad
Rente nyugdíj
Rentner nyugdíjas
reparieren javít
Republik köztársaság
reservieren tartalékol
Rezept recept
Richter bíró
richtig igazi
Richtung irány
Rindfleisch marhahús
Rock szoknya
roh nyers
Rolltreppe mozgólépcső
Rose rózsa
rot piros
Ruf hír
ruhen pihen
ruhig nyugodt
Ruine rom
russisch orosz

S

Saal terem
Sache dolog, ügy
säen vet
sagen mond
Sakko zakó
Salz só
Samstag szombat
sauber tiszta
sauer savanyú
schade kár
Schaden kár
Schärfe erő
Schaffner kalauz
Schal sál
Schallplatte lemez
scharf csípős
Schatten árnyék
schauen néz
Scheck csekk
Scherz tréfa
schicken küld
Schicksal sors
Schiff hajó
schläfrig álmos
schlafen alszik
Schlagsahne tejszínhab
Schlange kígyó
schlecht rossz
schließen zár
schlimm rossz
Schloss (Tür) zár
Schlüssel kulcs
Schlüsselloch kulcslyuk
schmackhaft ízletes
schmal keskeny
schmerzen fáj
schmutzig piszkos

száznegyvenöt | **145**

Wortliste Deutsch – Ungarisch

Schnee hó
schneiden vág
schnell gyorsan
Schnitt szabás
schön szép
Schönheit szépség
schon már
Schrank szekrény
schrecklich borzasztó
schrecklich rémes
schreien kiabál
Schüler tanuló
Schürzenjäger szoknyavadász
Schuh cipő
schwach gyenge
Schwein disznó
Schweinefleisch disznóhús
schwer nehéz
Schwester testvér
schwimmen úszik
See tó
Seele lélek
segeln vitorlázik
sehen lát
Sehenswürdigkeit látnivaló
Sehnsucht vágy
sehr nagyon
Seife szappan
sein lenni
seit óta
seitdem azóta
Seite oldal
selten ritkán
senden küld
Serviette szalvéta
separat külön
Sessel szék

setzen ültet
sicher biztos
Sicherheit biztonság
Sie Ön
Sinn értelem, ész
Sitte szokás
Situation helyzet
Skulptur szobrászat
so így
Socke zokni
sofort azonnal
sofort mindjárt
sogar sőt
Sohn fiú
solange amíg
Soldat katona
sollen kell(ene)
Sommer nyár
Sommerferien nyári szünet
sondern hanem
Sonnabend szombat
Sonne nap
sonnen, sich napozik
Sonnenöl napolaj
Sonnenstich napszúrás
Sonntag vasárnap
sonst különben
Sorge gond
spät késő
Spaß tréfa
Spaziergang séta
Speise étel
Speisekarte étlap
Spezialität különlegesség
Spiegel tükör
Spiel játék
spielen játszik

Spinne pók
Sportart sportág
Sportler sportoló
Sportplatz sportpálya
Sprache nyelv
Sprachunterricht nyelvoktatás
sprechen beszél
Sprichwort közmondás
Staat állam
Staatsoper állami operaház
Stadt város
Stadtbesichtigung városnézés
Stadtteil városrész
Stall istálló
stark erős
Station állomás
Staub por
stehen áll
stehlen lop
Stelle állás
stellen állít
sterben meghal
Stern csillag
stets mindig
still csendes
Stimme hang
Stock(-werk) emelet
Stoff szövet, anyag
stolz büszke
Storch gólya
Strafe büntetés
Straße utca
Straßenbahn villamos
Straßenkreuzung útkereszteződés

Wortliste Deutsch – Ungarisch

Streichholz gyufa
Streit veszekedés
streng szigorú
stricken köt
Strumpf harisnya
Student diák
Stück darab
Stuhl szék
Stunde óra
suchen keres
Südbahnhof
  Déli pályaudvar
Süden dél
süß édes
Süßigkeit édesség
Suppe leves

T

Tablette tabletta
Tag nap
Tankstelle benzinkút
tanzen táncol
Tasche zseb, táska
Taschenlampe
  zseblámpa
Taschenlampenbatterie
  zseblámpaelem
Taschentuch zsebkendő
tauschen cserél
Teich tó
Teil rész
Telefonzelle telefonfülke
Telegramm távirat
Teller tányér
Temperatur hőmérséklet
Teppich szőnyeg
teuer drága
Theater színház

Thema téma
tief mély
Tier állat
Tinte tinta
Tisch asztal
Tischtennis asztalitenisz
Titel cím
Tochter leány
Tod halál
Toilettenpapier
  vécépapír
Tomate paradicsom
Tor kapu
Torte torta
Tradition hagyomány
tränken itat
tragen visel, hord
traurig szomorú
Treppe lépcső
treten lép
treu hű
trinken iszik
Tür ajtó
Türke török
tun tesz
Turm torony

U

Übel rossz
überflüssig felesleges
übermorgen holnapután
Überraschung meglepetés
Ufer part
Uhr óra
Um- Ankleideraum
  próbafülke
umarmen (át)ölel
umsehen körülnéz

umsonst hiába
Umsteigkarte
  átszállójegy
umziehen költözik
umziehen, sich átöltözik
unbedingt feltétlenül,
  mindenképpen
unbekannt ismeretlen
und és
unentgeltlich ingyen
Unfall baleset
Ungar magyar
Ungarn Magyarország
Universität egyetem
unten lent
Unterführung aluljáró
unterhalten, sich
  szórakozik
Unterricht tanítás
unterschreiben aláír
untersuchen megvizsgál
unterwegs útközben
Urlaub szabadság

V

Vater apa
Vaterland haza
verabschieden búcsúzik
verändern (sich -)
  megváltozik
veranstalten rendez
Veranstaltung
  rendezvény
Verband(smaterial)
  kötszer
verboten tilos
verbringen eltölt
Vergangenheit múlt

Wortliste Deutsch – Ungarisch

vergeblich hiába
vergessen elfelejt
vergleichen összehasonlít
Verhalten viselkedés
verheiratet házas
verjüngern fiatalít
Verkauf eladás
Verkäufer eladó
Verkehr forgalom
verliebt szerelmes
Vernunft ész
verödet puszta
verpacken becsomagol
verschieben eltol
verschlafen elalszik
verstehen ért
vertragen kibír
Verzeihung bocsánat
viel sok
vielleicht talán
Viertel negyed
Volk nép
volkstümlich népies
volkstümlich népszerű
voll tele
von dort onnan
vorbereiten előkészít
Vorbild példakép
Vorhang függöny
Vormittag délelőtt
Vorname keresztnév
vorne elön
Vorschrift előírás
vorstellbar elképzelhető
vorstellen bemutat
Vorstellung előadás
vorzeigen felmutat

W

wach werden felébred
wählen választ
Währung valuta
wagen mer
wahr igaz
Wand fal
wann mikor
Warenhaus áruház
warm meleg
warten vár
warum miért
was mi
waschen mos
Waschpulver mosópor
Wasser víz
Wasserhahn vízcsap
wechseln vált
Weg út
wegen miatt
wegschicken (Brief) elküld
weh tun fáj
weiblich női
weil mert
Wein bor
Weinbauer szőlősgazda
Weinberg szőlőhegy
Weintraube szőlő
weiß fehér
weit messze
weiter tovább
Weizen búza
Welt világ
wenig kevés
wenn ha
wer ki
werden lesz

werfen dob
Werkstatt műhely
Werkzeug szerszám
Westen nyugat
Wettkampf verseny
wichtig fontos
wie hogyan
wiederholen ismétel
Wien Bécs
Wiese rét
wieviel hány
wieviel mennyi
Wind szél
winken integet
Winter tél
Winzer szőlősgazda
wir alle mi mindnyájan
wirklich igazán
Wirtschaft gazdaság
wischen töröl
wissen tud
Wissenschaft tudomány
Wochenende hétvége
wöchentlich hetente
Wörterbuch szótár
wohin hova
wohlschmeckend jóízű
wohnen lakik
Wohnort lakóhely
Wohnung lakás
Wohnungsmiete lakbér
Wolke felhő
wollen akar
Wort szó
wunderbar csodálatos
Wunsch kívánság
Wurst kolbász

Wortliste Ungarisch – Deutsch

Z

zahlen fizet
Zahn fog
Zange fogó
Zank veszekedés
Zaun kerítés
zeigen mutat
Zeit idő
Zeitung újság
zentral központi
Zentrum központ
zerreißen elszakad
zerreißen eltép
Ziehbrunnen gémeskút
Zigarette cigaretta
Zimmer szoba
zu Hause otthon
Zucker cukor
Zündkerze gyújtógyertya
zuerst először
Zug vonat
Zukunft jövő
zumachen becsuk
Zunge nyelv
zurückgeben visszaad
zurücklehnen hátradől
zusammen együtt
Zuschauer néző
zuschließen bezár
Zustand állapot
Zweibettzimmer kétágyas szoba
Zwiebel hagyma
zwischen között
Zylinder henger

Wortliste Ungarisch – Deutsch

A

a viszontlátásra auf Wiedersehen
abban darin
ablak Fenster
ad geben
ágy Bett
ágynemű Bettwäsche
ajándék Geschenk
ajánl anbieten, empfehlen
ajtó Tür
akar wollen
akaszt hängen
akkor dann
aláír unterschreiben
alap Grund
alkalmazott Angestellte, -r
alkalom Möglichkeit
áll Kinn
áll stehen
állam Staat
állami operaház Staatsoper
állapot Zustand
állás Stelle
állat Tier
állít stellen
állj halt
állomás Station
alma Apfel
álmos schläfrig
alszik schlafen
általában im Allgemeinen
aluljáró Fußgängertunnel, Unterführung
amíg solange
anya Mutter
anyag Material
apa Vater
ápol pflegen
aprópénz Kleingeld
apróság Kleinigkeit
ár Preis
arany Gold
aratás Ernte
arc Gesicht
árnyék Schatten
áruház Kaufhaus, Warenhaus
asszony Frau
asztal Tisch
asztalitenisz Tischtennis
át durch
(át)ölel umarmen
átöltözik umziehen, sich
átszállójegy Umsteigkarte
Ausztria Österreich

Wortliste Ungarisch – Deutsch

autó Auto
autóbusz Autobus
az ember man
azért darum
azonkívül außerdem
azonnal sofort
azóta seitdem
azután danach, nachdem, nachher

B

bab Bohne
baleset Unfall
balett Ballett
balra links
bank Bank
barát Freund
barátkozik Freundschaft schließen
barátnő Freundin
barátságos freundlich
barna braun
baromfi Geflügel
bátor mutig
bátorság Mut
Bécs Wien
becsomagol verpacken
becsuk zumachen
befejez enden
bejárat Einfahrt, Eingang
bejön hereinkommen
belépőjegy Eintrittskarte
belül innerhalb
belváros Innenstadt
bélyeg Briefmarke
bemutat vorstellen
bent drinnen

benzin Benzin
benzinkút Tankstelle
bérel mieten
bérlet Abonnement
beszáll einsteigen
beszél reden, sprechen
beteg krank, Kranke
bezár zuschließen
bíró Richter
biztonság Sicherheit
biztos sicher
bocsánat Entschuldigung, Verzeihung
boldog froh, glücklich
bolt Laden
bonbon Bonbons
bor Wein
bőr Haut
borotválkozik rasieren
borsó Erbse
borzasztó schrecklich
bosszankodik ärgern, sich
búcsú Abschied
búcsúzik verabschieden
büntetés Strafe
büszke stolz
burgonya Kartoffel
bútor Möbel
búza Weizen

C

ceruza Bleistift
cigaretta Zigarette
cikk Artikel
cím Titel
cím Adresse

cipő Schuh
csak nur
család Familie
családi állapot Familienstand
családnév Familienname
csekk Scheck
csendes still
cserél tauschen
csillag Stern
csinál machen
csinos hübsch, nett
csípős scharf
csodálatos wunderbar
csókol küssen
csomag Gepäck
csomagol packen
csönget klingeln
csoport Gruppe
csütörtök Donnerstag
cukor Zucker

D

dal Lied
darab Stück
de aber
dél Mittag
dél Süden
délelőtt Vormittag
Déli pályaudvar Südbahnhof
délután Nachmittag
diák Student
diesel Diesel
disznó Schwein
disznóhús Schweinefleisch

Wortliste Ungarisch – Deutsch

divat Mode
divatos modisch
dob werfen
dohányzik rauchen
dolgozik arbeiten
dolgozó Arbeiter
dolog Ding
dolog, ügy Sache
domb Hügel
drága teuer
durva grob

E

ebéd Mittagessen
édes süß
édesség Süßigkeit
ég brennen
ég Himmel
egész ganz
egészség Gesundheit
egészséges gesund
egy keveset ein wenig
egyágyas szoba Einbettzimmer
egyedül allein
egyenesen geradeaus
egyetem Universität
egyszer einmal
egyszerű einfach
együtt gemeinsam, zusammen
éhes hungrig
éjszaka Nacht
él leben
eladás Verkauf
eladó Verkäufer
elalszik einschlafen, verschlafen
elég genug
élelmiszer Lebensmittel
élénk lebhaft
életveszély Lebensgefahr
elfelejt vergessen
elképzelhető vorstellbar
elkezd beginnen
elkísér begleiten
elküld wegschicken (Brief)
élmény Erlebnis
előadás Aufführung, Vorstellung
előírás Vorschrift
előkészít vorbereiten
előre im voraus
először zuerst
elön vorne
elszakad zerreißen
eltép zerreißen
eltölt verbringen
eltol verschieben
elutazás Abreise
elutazás, indulás Abfahrt
elutazik abreisen
elvált geschieden
ember Mensch
emelet Stock(-werk)
emlékmű Denkmal
emlékszik erinnern, sich
én ich
ének Gesang
enyém mein
épít bauen
építkezés Bau
éppen gerade
éppenmost eben

épület Gebäude
érdek Interesse
érdekes interessant
eredeti original
eredmény Erfolg
érett reif
érkezés Ankunft
érkezik ankommen
erő Schärfe
erős stark, kräftig
ért verstehen
értelem, ész Sinn
érzi fühlen, sich
és und
esik fallen, regnen
esküvő Hochzeit
eső Regen
este Abend, abends
ész Vernunft
észak Norden
észak felé nördlich
eszik essen
étel Essen, Speise
etet füttern
étlap Speisekarte
étvágy Appetit
Európa Europa
év Jahr
évente jährlich
évszak Jahreszeit

F

fa Holz
faj schmerzen, weh tun
fal Mauer, Wand
falu Dorf
fáradt müde
fehér weiß

százötvenegy 151

Wortliste Ungarisch – Deutsch

fej Kopf
fejessaláta Kopfsalat
fekszik liegen
fektet legen
felad aufgeben
feladó Absender
feláll aufstehen
felébred aufwachen, erwachen, wach werden
felel antworten
félelem Angst, Furcht
felelet Antwort
feleség Gattin
felesleges überflüssig
felhő Wolke
felkelt aufwecken
felmutat vorzeigen
felnőtt Erwachsene, -r
felpróbál anprobieren
félreértés Missverständnis
felszáll aufsteigen, einsteigen
feltétlenül unbedingt
felüdül erfrischen
felvesz anziehen
felvilágosítás Auskunft
fent oben
fény Licht
fénykép Foto
férfi Mann
férj Gatte
fertőzés Ansteckung, Infektion
fertőző ansteckend
fest malen
fésű Kamm
fiatal jung
fiatalít verjüngern
finom delikat, fein
fiú Junge, Knabe, Sohn

fivér (báty, öcs) Bruder
fizet zahlen
fodrász Friseur
föld Erde, Feld
földszint Erdgeschoss
főváros Hauptstadt
főzelék Gemüse
fog fassen
fog Zahn
foglalt besetzt
fogó Zange
fok Grad
folyik fließen
folyó Fluss
fonal Faden
főnök Chef
fontos wichtig
forgalom Verkehr
Forintos Forint (Münze)
forró heiß
franciául französisch
friss frisch
függ (-tól, -től) abhängen von
függöny Vorhang
fül Ohr
fürdik baden
fürdőnadrág Badehose
fürdőruha Badeanzug
fürdőszoba Badezimmer
füzet Heft
fúj blasen
fúr bohren
futball Fußballspiel

G

galuska Nockerln
gazda Landwirt
gazdag reich

gazdaság Wirtschaft
gémeskút Ziehbrunnen
gólya Storch
gomb Knopf
gond Sorge
gondol denken
gyár Fabrik
gyenge schwach
gyep Rasen
gyere ide! komm her!
gyermek Kind
gyertya Kerze
gyógyít heilen
gyomor Magen
gyomorrontás Magen verderben
gyorsan schnell
gyümölcs Frucht, Obst
gyümölcslé Obstsaft
gyufa Streichholz
gyújtógyertya Zündkerze

H

ha wenn
(ha)bár obwohl
háború Krieg
hagy lassen
hagyma Zwiebel
hagyomány Tradition
hajó Schiff
hal Fisch
halál Tod
halász Fischer
hall hören
háló Netz
hanem sondern
hang Stimme
hangszer Instrument
hány wieviel

Wortliste Ungarisch – Deutsch

harcol kämpfen
harisnya Strumpf
has Bauch
hasonló ähnlich
használ benutzen
hasznos praktisch
hatalom Macht
határ Grenze
hátradől zurücklehnen
hátul hinten
havi bérlet Monatskarte
havonta monatlich
haza Vaterland
házas verheiratet
házaspár Ehepaar
hazudik lügen
hegy Berg
hely Platz, Raum
helyet foglal Platz nehmen
helyett anstatt
helyzet Lage, Situation
henger Zylinder
hetente wöchentlich
hétfő Montag
hétköznap Alltag
hétvége Wochenende
hiába umsonst, vergeblich
híd Brücke
hideg kalt
hír Ruf
hirdetés Anzeige
híres berühmt
hirtelen plötzlich
hisz glauben
hivatal Amt
hivatás Beruf
hó Schnee
hölgy Dame
hogy dass

hogyan wie
hold Mond
holnap morgen
holnapután übermorgen
hőmérséklet Temperatur
homlokzat Fassade
hordó Fass
hosszú lang
hova wohin
hoz bringen, mitbringen
hű treu
hús Fleisch
húsvét Ostern
hűvös kühl

I

ide és oda hin und zurück
idegen fremd
idegenvezető Reiseleiter
ideges nervös
idő Zeit
ifjúság Jugend
-ig, míg bis
igaz wahr
igazán wirklich
igazi richtig
igazolvány Ausweis
igazság Gerechtigkeit
igen ja
így so
ingyen unentgeltlich
inkább eher, lieber
integet winken
ipar Industrie
ipari tanuló Lehrling
irány Richtung

iroda Büro
ismer kennen
ismeretlen unbekannt
ismétel wiederholen
istálló Stall
Isten Gott
iszik trinken
ital Getränk
itat tränken
itt hier
itt, ott da
ízletes schmackhaft

J

játék Spiel
játszik spielen
javít reparieren
jég Eis
jó gut
jobbra rechts
jön kommen
jövő Zukunft
jog Recht
jóízű wohlschmeckend

K

kabát Mantel
kacsa Ente
kakaó Kakao
kakas Hahn
kalap Hut
kalapács Hammer
kalauz Schaffner
kap bekommen
kapható haben, ist zu -
káposzta Kraut
kapu Tor

Wortliste Ungarisch – Deutsch

kar Arm
kár schade, Schaden
kar, kórus Chor
karmester Dirigent
karosszéria Karosserie
kastély, palota Palais, Palast
katona Soldat
kávé Kaffee
kedd Dienstag
kedve van Lust haben
kedvező günstig
kék blau
keksz Keks
kel Kohl
kelet Osten
kell brauchen, müssen
kellemes angenehm
kell (éne) sollen
kényelmes bequem
kenyér Brot
kér bitten
kérdés Frage
kérdez fragen
kérdőív Fragebogen
kerék Rad
kérem, tessék bitte
keres suchen
keresztnév Vorname
kerítés Zaun
kert Garten
kerül kosten (Preis)
kerület Bezirk
keskeny schmal
késő spät
kész bereit, fertig
készülék Gerät
kétágyas szoba Zweibettzimmer
kevés wenig
kéz Hand

kezd anfangen
kezdet Anfang
ki heraus
ki wer
kiabál schreien
kibír vertragen
kicsi klein
kifejezés Ausdruck
kígyó Schlange
kijárat Ausgang
kikeres aussuchen
kilátás Aussicht
kilogram Kilogramm
kint draußen
kinyit aufmachen, öffnen
király König
kirándulás Ausflug
kisleány Mädchen
kitart aushalten
kíváncsi neugierig
kívánság Wunsch
kivétel Ausnahme
kívül außerhalb
költő Dichter
költözik umziehen
könnyű leicht
könyv Buch
körte Birne
körülnéz umsehen
köszön grüßen
köt binden, stricken
kötet, szalag Band
kötszer Verband(smaterial)
követség Botschaft
közben inzwischen
közel nahe
közép Mitte
közepes mittelmäßig
középkor Mittelalter
közmondás Sprichwort
között zwischen

központ Zentrum
központi zentral
köztársaság Republik
koffer, bőrönd Koffer
kolbász Wurst
komp Fähre
konyha Küche
kor Alter
korán früh
kórház Krankenhaus
kormány Regierung
kormányoz regieren
kosár Korb
kóstol kosten (probieren)
koton Kondom
krém Creme
küld schicken, senden
külföld Ausland
külföldi Ausländer, ausländisch
külön separat
különben sonst
különlegesség Spezialität
különös besonders
kukorica Mais
kulcs Schlüssel
kulcslyuk Schlüsselloch
kultúra Kultur
kút Brunnen
kutatás Forschung
kutya Hund

L

láb Fuß
labda Ball
lábszár Bein
lakás Wohnung
lakbér Wohnungsmiete

Wortliste Ungarisch – Deutsch

lakik wohnen
lakóhely Wohnort
lakos Bewohner
lámpa Lampe
lánc Kette
langyos lau
lap Blatt
lapos flach
lárma Lärm
lassan langsam
lát sehen
látnivaló Sehenswürdigkeit
látogat besuchen
látogatás Besuch
láz Fieber
lead abgeben
leány Tochter
leánynév Mädchenname
légiposta Luftpost
lekvár Marmelade
lélek Seele
lemez Schallplatte
Lengyelország Polen
lenni sein
lent unten
lép treten
lépcső Treppe
lepedő Bettuch
lesz werden
leszáll landen
letesz ablegen, hinlegen
leül Platz nehmen
levegő Luft
levél Brief
levélboríték Briefumschlag
leves Suppe
levesz ausziehen
liba Gans
limonádé Limonade
lírikus Lyriker
liszt Mehl
lop stehlen
lusta faul

M

ma heute
magas hoch
magyar Ungar
Magyarország Ungarn
máj Leber
majdnem beinahe
málna Himbeere
málnaszörp Himbeersaft
már schon
marhahús Rindfleisch
másfél anderthalb
máshol anderswo
máskor Mal (ein anderes -)
még noch
megálló Haltestelle
megbarátkozik befreunden
megbeszél besprechen
megengedett erlaubt
megfigyel beobachten
meggondol bedenken
meggyújt anzünden
meghal sterben
meghív einladen
meghívás Einladung
megismer kennenlernen
megjön ankommen
meglepetés Überraschung
megváltozik verändern (sich -)
megváltoztat ändern
megvizsgál untersuchen
megy gehen
meleg warm
mell Brust
mély tief
menetjegy Fahrkarte
mennyi wieviel
mer wagen
mérges böse
mert weil
mese Märchen
messze fern, weit
mester Meister
méz Honig
mezőgazdaság Landwirtschaft
mi was
mi mindnyájan wir alle
miatt wegen
miért warum
mikor als (Zeit), wann
mind alle
mindegy egal
mindegyik jede, -r, -s
minden jót alles Gute
mindenképpen unbedingt
mindenki jedermann
mindig immer, stets
mindjárt sofort
mindkettő beide
minőség Qualität
mint, ha als, wenn
mond sagen
mos waschen
mosolyog lächeln
mosópor Waschpulver
most jetzt
motor Motor
mozgólépcső Rolltreppe
mozi Kino
műhely Werkstatt
mulat amüsieren, sich

százötvenöt

Wortliste Ungarisch – Deutsch

múlt Vergangenheit
munka Arbeit
mutat zeigen
műtét Operation
művész Künstler
művészet Kunst
múzeum Museum

N

nadrág Hose
nagy groß
nagybácsi Onkel
nagyon sehr
nagyság Größe
nagyszerű großartig
nap Sonne, Tag
napolaj Sonnenöl
napozik sonnen, sich
napszúrás Sonnenstich
NDK DDR
negyed Viertel
néhány einige
nehéz schwer
nélkül ohne
nem nein, nicht
német Deutsche, -r
németül deutsch
nemsokára bald
nemzet Nation
nemzeti national
nép Volk
népies volkstümlich
népszerű volkstümlich
név Name
nevet lachen
nevez nennen
néz schauen
néző Zuschauer

nincs ist kein
nőtlen ledig
női weiblich
növény Pflanze
nyak Hals
nyár Sommer
nyári szünet Sommerferien
nyelv Sprache, Zunge
nyelvoktatás Sprachunterricht
nyelvtan Grammatik
nyers roh
nyugat Westen
nyugdíj Rente
nyugdíjas Rentner
nyugodt ruhig

O

oda dahin
Ön Sie
önt gießen
öreg alt
öreg ember Alte, der
öregasszony Alte, die
örökké ewig
öröm Freude
örül freuen, sich
összehasonlít vergleichen
összesen insgesamt
öv Gürtel
okos klug
olaj Öl
olcsó billig
oldal Seite
olvas lesen
onnan von dort

opera Oper
óra Stunde, Uhr
orosz russisch
oroszlán Löwe
orr Nase
országút Fernstraße
orvos Arzt
orvosság Arznei, Medikament
őszibarack Pfirsich
osztály Abteilung, Klasse
óta seit
ott dort
otthon daheim, zu Hause

P

pályaudvar Bahnhof
panasz Beschwerde
papír Papier
pár Paar
paradicsom Tomate
parancsol befehlen
paraszt Bauer
párna Kissen, Polster
párolt gedünstet
part Ufer
párt Partei
paszta Paste
példa Beispiel
példakép Vorbild
péntek Freitag
pénz Geld
pénztár Kasse
perc Minute, Moment
petrezselyem Petersilie
piac Markt
pihen ruhen
pince Keller

Wortliste Ungarisch – Deutsch

pincér Kellner
pipa Pfeife
piros rot
piszkos schmutzig
pók Spinne
pontos genau, pünktlich
por Pulver, Staub
posta Post
postai levelezőlap Postkarte
postautalvány Postanweisung
pótalkatrész Ersatzteil
praktikus praktisch
próbafülke Anprobekabine, Um- Ankleideraum
próbál probieren
probléma Problem
pulóver Pullover
pumpa Pumpe
puszta Heide, verödet

R

rabol rauben
ragaszt kleben
recept Rezept
reggel Morgen
reggeli Frühstück
remél hoffen
rémes schrecklich
rendes ordentlich
rendez veranstalten
rendezvény Veranstaltung
rendőr Polizist
rendőrség Polizei
repül fliegen
repülőgép Flugzeug
repülőtér Flugplatz
rész Teil
reszelő Feile
rét Wiese
ritkán selten
rizs Reis
rövid kurz
rom Ruine
rossz schlecht, schlimm, Übel
rózsa Rose
ruha Kleid
ruhaanyag Kleiderstoff
ruházat Kleidung

S

saját eigen
sajnál bedauern
sajnos leider
sajt Käse
sál Schal
sárga gelb
sárgabarack Aprikose
sárgarépa Karotte
sarok Ecke
savanyú sauer
sebesség Geschwindigkeit
sebtapasz Pflaster
segít helfen
segítség Hilfe
senki niemand
séta Spaziergang
siet eilen
sír Grab
só Salz
sörözik Bier trinken
sötét dunkel
soha nie
sok viel
sokszor oft
sor Reihe
sors Schicksal
sőt sogar
sovány mager
sportág Sportart
sportoló Sportler
sportpálya Sportplatz
strand Freibad
süt scheinen
sütemény Gebäck, Kuchen
szabad dürfen
szabad frei
szabadság Freiheit, Urlaub
szabály Regel
szabás Schnitt
szakáll Bart
szalad laufen, rennen
szálloda Hotel
szalvéta Serviette
szám Nummer
szamár Esel
számla Rechnung
szappan Seife
szárnyas Geflügel
szegény arm
szék Sessel, Stuhl
szekrény Schrank
szél Rand
szél Wind
szemben gegenüber
személy Person
szent heilig
szenvedélyes(en) leidenschaftlich

százötvenhét | **157**

Wortliste Ungarisch – Deutsch

szép schön
szépség Schönheit
szerda Mittwoch
szerelmes verliebt
szerencse Glück
szeret lieben, mögen
szerszám Werkzeug
sziget Insel
szigorú streng
szín Farbe
színház Theater
szív Herz
szívélyes herzlich
szívesen gern
szó Wort
szoba Zimmer
szobrászat Skulptur
szódavíz Mineralwasser
szokás Sitte
szőke blond
szokik gewöhnen, sich
szoknya Rock
szoknyavadász Schürzenjäger
szőlő Weintraube
szőlősgazda Weinbauer, Winzer
szőlőhegy Weinberg
szövet, anyag Stoff
szombat Samstag
szomorú traurig
szőnyeg Teppich
szórakozik unterhalten, sich
szorgalmas fleißig
szótár Wörterbuch
szűk eng
szükséges nötig
születési hely Geburtsort
születési idő Geburtsdatum
szülők Eltern

T

tabletta Pille, Tablette
táj Gegend
tájékoztat informieren
tájékoztatás Information
talál finden
talán vielleicht
tanács Rat
táncol tanzen
tanít lehren
tanítás Unterricht
tanító Lehrer
tanul lernen
tanuló Schüler
tányér Teller
tapsol applaudieren, klatschen
tart dauern, halten
tartalékol reservieren
tavasz Frühling
távirat Telegramm
tegez duzen
tegnap gestern
tehát also
teherautó LKW
tej Milch
tejszínhab Schlagsahne
tekint, néz blicken
tél Winter
tele voll
telefonfülke Telefonzelle
téma Thema
templom Kirche

tenger Meer
terem Saal
térkép Landkarte
természet Natur
természetes natürlich
terv Plan
tervez planen
testvér Schwester
tesz tun
tetszik gefallen
tilos verboten
tinta Tinte
tiszta rein, sauber
tisztít reinigen
tisztviselő Beamte, -r
titok Geheimnis
tó See, Teich
többször mehrmals
tök Kürbis
tölt füllen
török Türke
töröl wischen
történet Geschichte
történik geschehen
tojás Ei
toll Feder
tolvaj Dieb
torony Turm
torta Torte
tovább weiter
tréfa Scherz, Spaß
trolibusz Obus
tud können, wissen
tudás Können
tudomány Wissenschaft
tűz Feuer
tűzoltók Feuerwehr
tükör Spiegel
türelem Geduld
tyúk Huhn

Wortliste Ungarisch – Deutsch

U

uborka Gurke
udvar Hof
udvarias höflich
ügy Angelegenheit
ügyes geschickt
ültet setzen
ünnep Feier, Fest
ünnepel feiern
üveg Flasche
üveg, pohár Glas
üzem Betrieb
üzlet Geschäft
új neu
újság Zeitung
unokahúg Nichte
úr Herr
úszik schwimmen
út Weg
után nach
utaz fahren
utazás Fahrt, Reise
utazási engedély Fahrerlaubnis
utca Gasse, Straße
útkereszteződés Straßenkreuzung
útközben unterwegs
útlevél Reisepass

V

vacsora Abendessen
vág schneiden
vagy oder
vágy Sehnsucht
vaj Butter
valaki jemand
valamelyik irgendwelcher
valami etwas
választ wählen
választék Auswahl
valódi echt
vált wechseln
valuta Währung
van gibt, es -
vár Burg
vár warten
város Stadt
városnézés Stadtbesichtigung
városrész Stadtteil
vásárlás Einkauf
vasárnap Sonntag
vásárol einkaufen, kaufen
vasúti jegy Fahrkarte
vécépapír Toilettenpapier
végállomás Endstation
vége Ende
végre endlich
vegyes gemischt
vendég Gast
vendéglátó Gastgeber
vér Blut
verseny Wettkampf
vesz nehmen
veszekedés Streit, Zank
veszély Gefahr
veszélyes gefährlich
vet säen
vezet führen, lenken
vidám lustig
vidék Landschaft
vidék, ország Land
vigyáz achtgeben
vigyázat Achtung
vihar Gewitter
világ Welt
villa Gabel
villám Blitz
villámlik blitzen
villamos Straßenbahn
virág Blume
virágzik blühen
visel, hord tragen
viselkedés Benehmen, Verhalten
visszaad zurückgeben
visz mitnehmen
vitorlázik segeln
víz Wasser
vízcsap Wasserhahn
vonat Zug

Z

zakó Sakko
zár schließen, Schloss (Tür)
zene Musik
zenekar Orchester
zeneszerző Komponist
zöld grün
zöldség Grünzeug
zokni Socke
zseb, táska Tasche
zsebkendő Taschentuch
zseblámpa Taschenlampe
zseblámpaelem Taschenlampenbatterie
zuhanyozik duschen

Die Autorin

Pia Simig liebt fremde Sprachen und Reisen. Als Jugendliche bereiste sie Ungarn und war von dem Klang der Sprache und der Lebensart der Ungarn so begeistert, dass sie Ungarisch lernte.

Da sie viele Freunde hat, die gern etwas Ungarisch lernen möchten, aber bisher immer von den dicken Lehrbüchern abgeschreckt wurden, schrieb sie diesen Sprechführer.

Pia Simig lebt heute in Wien und Budapest.